U0046269

New
window
新視野178

親愛的女生

Dear Girls

去做每一件妳所喜歡的事情，去成為妳想成為的美好

高寶書版集團

序
Preface

一百個吻之後

　　在巴黎唸書時，某個平凡的、跟其他日子沒有什麼不同的夜裡，我熄掉臥室唯一的光源，鑽進被窩裡準備跟妮妮（她是一隻迷你約克夏）一塊兒睡覺。房裡並非全黑，月光從床右側正對中庭那扇大窗透進來，把空氣中的塵絮照得一清二楚。我揉揉妮妮的耳朵，如往常般進行睡前的胡思亂想，突然一個念頭闖了進來：在巴黎街頭親吻一百個人，應該會很好玩吧？

　　當下我自己也覺得莫名其妙，怎麼會想到這個呢？但腦海中已經開始閃過一幅又一幅的親吻畫面，每一幅都美得要命，美到我覺得非把它們從腦海中提取出來不可。我越想越興奮，轉頭對一旁的妮妮說：「妮妮，我是天才，竟然想出這麼美的點子。天啊太美了，我現在就想衝出門開始親了，哈哈哈哈哈……太好玩了，妮妮我們一起去親遍巴黎吧！」妮妮伸出小舌頭輕輕舔我的臉，又用鼻子輕啄我的下巴，發出嚘嚘的小豬聲，

然後折起前腳壓在胸口下，捲成一團。隔天醒來，臉都還沒洗，我就跳到電腦前寫 email 聯絡在巴黎認識的唯一一位攝影學院學生，告訴他我想親吻一百個人，並邀請他拍下這些吻照。我們很快地約了一杯咖啡，便上街開始親人了。

當時真沒想到這個突發奇想會影響我一生。

「可以給我一個吻嗎？」答案不是 Yes 就是 No，但黃色 T 恤的男孩用瞇眼微笑來表示同意，橋上的小平頭則是說了 Yes 之後還不忘說教一番。而同樣是吻，草帽男閉上了眼睛，義大利人在親吻之前肉麻情話講個不停，紐約客則翹起二郎腿說了一句「That's cool.」才親下去。我親吻了男孩、男人、女孩、女人……每一個吻都那麼不同，每一個吻都值得一個專屬的小故事。

最初我傻傻估計兩個星期就能拍完，結果拍了一整年，拍照其實還滿辛苦的呢。那一年，經歷了吻照被登上台灣報紙頭版、部落格一夜之間湧入十萬瀏覽人次、留言區被各種性羞辱洗版、被封為蕩婦代表、從此穩坐台灣 CCR 一姊寶座、被恐嚇、被詛咒、被追蹤、被崇拜，後來還以此為主題上 TED 演講……

訴不盡的神展開。

很多人因為我熬過網路霸凌以及對情慾的態度坦然,而改用性別政治的角度重新詮釋百吻,試圖將百吻拉高到更具正當性的位置。但在我心裡,無論後續發展成什麼,這整件事的本質從來沒變過,就是一場少女(花癡)綺想,再單純不過,且最美妙的是我跟十八號男主角發展了一段戀曲,這才是對我來說最有高度的事,哇哈哈哈哈。

總之,不管別人怎麼看,我只覺得自己天真爛漫、有夠可愛。雖然很多人覺得我被罵很倒楣,但我認為自己很幸運,說真的我並不是那種一有想法就馬上去實踐的行動派,我也會任由一些感覺很不錯的點子埋葬在腦中。但就這麼幸運,我挑了一個最浪漫的突發奇想去實踐,然後它成了我的經典代表作。

巴黎不是個人美心更美的城市,她驕縱又難搞,壞得恰恰好適合在街頭索吻,沒有比巴黎更完美的場景了。這一百個吻以書名《百吻巴黎》出版,第一位男主角是換帆布廣告的工人,最後一位是從第十八吻變成男友的克雷蒙,整本書以親吻妮妮開場,親吻自己結束。即使距離當時已經八年多,想起來還是挺得意。「我在巴黎親了一百個人耶,呵呵(甜笑)。」站在

時間軸上往回看，這一趟走得真漂亮。

　　去年春天我在《百吻巴黎 Kiss.Paris- 楊雅晴》粉絲專頁發了一篇教大家許願的文章，隨後便收到粉絲捎來私訊，說她的願望是我再度出書。粉絲的厚愛令我心生感動，但轉頭看看還在蠕動、爬行、等吃奶的女兒，就覺得算了等她去幼稚園再說吧，否則光想都累。但就這麼神，幾個小時之後我打開 gmail 信箱，竟然收到出版社的出書邀請。只能說這位粉絲擁有神等級的創造力，願望瞬間就顯化了。眼看老天的旨意如此明確，我也沒什麼好猶豫的了，便回信給出版社答應出書一事，緊接著便跟編輯約見面、討論新書內容、簽合約……一氣呵成。

　　寫書這段日子，我又懷了第二胎，哈（拍手），想當初家裡只有一隻嬰兒我就覺得自己出不了書，現在有兩隻，書還不是照樣寫完了，所以說限制都是自己想出來，不是真的，是幻象啊幻象！《親愛的女生》跟我家二寶幾乎同時出生，最後一篇稿子寄出沒多久就進了產房，二寶很賞臉，五分鐘問世且完全沒讓我痛到，產後的我一邊坐月子一邊校稿、寫序，在擠奶空隙中一步步完成最後的工作。

　　老實說，生《親愛的女生》這本書比生我家二寶還辛苦，但我甘願。

　　從百吻到現在，最大的體會是「接納自己」。網路霸凌讓我看見的不是誰對誰錯，而是每個人的內在戰爭。如果我們無法接納自己的壞脾氣，就會看壞脾氣的人不順眼；如果我們無法接納自己的貪婪，就會制裁貪婪者；如果我們無法接納自己的情慾，就會對坦然表達情慾的人發動攻擊。

　　無法接納自己，生命便衝突不斷，烽火連連的土地，哪長得出什麼豐饒果實，窮的窮、死的死，一片慘澹。被罵那麼多年，我也走過厭世的日子，且花了好一番心力才掙脫受害情緒，取回內在和平。現在的我，對人的信任與情感比之前更強烈，對善惡是非也更寬容。這過程說真的不容易，如此豐功偉業當然要出書成就一下自己，又，若能對他人有所貢獻，就算只有一點點也爽。

　　一輩子其實沒有很長，怎能不好好活？或者說，一輩子那麼長耶，怎能不好好活？把時間拿來討厭這個、怪罪那個，再把精力用在攻擊與毀壞，不知不覺生命就過了一大半，多可惜。

　　我真心祝福每個人都願意停止自己與自己的戰爭，重整生

命之土，重新播種、耕耘，在有限的時間裡，毫無限制地去做
每一件喜歡的事；在好壞並存的世界中，去成為自己想成為的
美好。

PART 1
人生迷魂障

PART 2
可 愛 的 身 體

PART 3
迷人的照妖鏡

PART 4
為自己開路

親愛的女生，她説、他説、媽媽説、某人説……
都不如妳自己説；
別人有別人的故事，妳有妳的故事。

Part 1
人 生 迷 魂 障

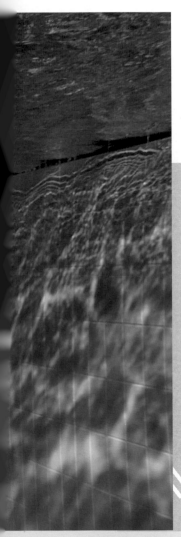

攝影／Maka Chu

讓夏綠蒂是夏綠蒂

　　最近常想起《慾望城市》這部影集。

　　想起夏綠蒂就是夏綠蒂，沒有人會要求她變成莎曼珊、凱莉或是米蘭達。她們四個人的性格截然不同，卻相安無事、愛在一起。

　　英雄片裡面，總是先有一個任務（百分之九十九是拯救地球），然後合適的人選一個接一個帶著自己的才能前來，比如呼風，比如喚雨，又或者玩水弄火。他們為了顧全大局彼此忍受，呲牙咧嘴的，常常到頭來仍會分家，落入正邪二元對立。英雄的世界永遠要有個對錯。

　　而姊妹情不這樣演。姊妹的世界裡，那些正邪、對錯都是曖昧流動的。姊妹之間未必有共同的願景（比如打擊邪惡力量），卻總有理由湊在一起；姊妹也沒有相同的立場（比如打擊邪惡力量 again），有時還處於對立，卻依然能夠對話，而且

是沒完沒了的那種：在電話裡聊、在洗澡時聊、在餐廳裡聊，聊到被其他桌白眼……出於對彼此的情感，或者只是自己當下的心情，事情永遠可以被重新詮釋。姊妹情是個極其細膩複雜的二元之外的空間，在裡面，好壞沒有分野，對立都失效了。

記得某次演講的最後，有人問我到底要怎麼「做自己」。當時腦海中出現的是凱莉、莎曼珊、夏綠蒂、米蘭達一起吃早午餐的場景，她們在聊什麼我忘了，但四個人的看法全都不一樣，甚至互相衝突，她們還是聊了整頓飯。

我回答那個人：「慾望城市之所以好看，是因為夏綠蒂就是夏綠蒂，沒有人會要求她變成莎曼珊、凱莉或是米蘭達。」

「到底要怎麼讓那些反同志的保守分子進化啊？有他們在，社會就不能進步。」另一個人這樣問，我腦中出現的依舊是她們四人。

「你想改變保守分子的心情，就跟保守分子想改變你一樣。就是呢，我們都覺得另外一方是錯的，需要被矯正。如果我們沒有那種『我才是對的』的心態，其實我們擁有足夠的空間與資源讓所有人都存在，大家可以相安無事、各過各的。但因為

我們總覺得自己是對的，別人是錯的，心裡老想著世界沒有那些錯的人會更好，然後以正義之名試圖除掉那些所謂錯的人。人的本性好像就是這麼排除異己，所以人類如果滅亡，應該不會是因為大家不生小孩，我猜是因為自相殘殺。」「關於社會進不進步，我不知道怎麼回答，但我覺得如果我們的社會容不下保守分子的聲音，可能改變的時機就還沒有到。」

　　當時表達得有點亂，但心裡想的其實很簡單，就是希望大家能夠試著去接納自己所不認同的。

　　每個人都想要做自己，卻都不讓別人做自己。就像我們埋怨父母不讓我們做自己的時候，不會想到他們也渴望「做自己」，所以爸媽也可以說「我就是愛管你，怎樣？」。人其實矛盾又自私，高嚷著言論自由，當遇到反言論自由的人，卻想盡辦法叫他閉嘴；說要消滅萬惡父權，結果卻會去規訓自己認為「不正確」的女人。

　　想來頗感傷。很多人覺得《慾望城市》不過是一群無腦拜金女之間的膚淺交情，但「讓夏綠蒂是夏綠蒂」，世界上大部分的人都做不到。

自信是慢慢熟成的果實

常有人問我：「雅晴，要怎麼樣才能像妳一樣擁有自信？」「妳總是自信從容，怎麼辦到的？」大家都好想擁有自信，可是不可能。

「自信」不是物品，「取得」與「失去」壁壘分明。在時間軸上，自信是來來去去的，這一秒有，下一秒又沒有了；在時間點上，自信並不會平均分佈，而是這裡多，那裡少，就像今早我對於自己能夠駕馭一件花洋裝感到洋洋得意，卻同時對裙擺底下的肥腳踝感到自卑。

人永遠都是既自信又自卑的，這再正常不過了。我想我人生最有自信，或者說唯一沒有自信問題的時刻，就是我出生的瞬間，因為那時候我還不會評價自己，過了那一刻，我就踏上了二元世界的大道，開始在是非、善惡、好壞、美醜的光譜上

來回。光譜這一端叫自信，那一端叫自卑，我知道我會一直在上面，我知道每個人都在上面。

　　沒自信的人常常以為有自信的人做什麼事都比較順利，所以更接近成功，而自己之所以失敗，都是因為自信不足。但不是那樣的，自信的人與自卑的人一樣得面對生命中的重大事件與挫折，而且自信的人與自卑的人也都具備解決問題的能力，只不過，自信的人認為自己能夠解決問題，所以起身去解決，而自卑的人卻認為自己必須先有了「自信」才能夠解決問題，於是裹足不前。

　　我們可以把「自信」換成其他任何想要卻還沒擁有的東西，比如：認為自己必須先有「錢」、有「完美的外表」、有「時間」，或者認為自己必須先「被愛」，才有辦法前進……。我們用「」裡面的東西阻礙自己，如此一來就不必行動、不必面對真正的挑戰，而可以一直逃避，告訴自己：「因為我還沒擁有夠好的條件，所以我不能去做想做的事情。」

　　自信無法成為自卑者的解藥，而是毒藥，當我們越是深信自己要先擁有「自信」才能出發，就越是陷在裡面，動彈不得。

　　沒自信的時候，我們常會請教別人，而不是詢問自己：到底怎麼做才會有自信呢？這背後有個微妙的迴圈。自卑讓我們自我厭惡，自我厭惡的時候我們當然不會想自問怎麼做才會有自信，這種時候我們只會覺得自己的想法都爛透了。為了擺脫自卑的感覺，我們會很想要變成別人，變成那種看起來比自己好很多的人。於是呢，我們找來了範本，試圖循著範本的路徑走向所謂很有自信的位置，可惜那是不可能的事。我們走在別人的路上，灌溉的就是別人的土壤，不論走多遠，回過頭來仍要面對自己的道路依舊荒蕪。

　　儘管看似不合邏輯，但沒自信的時候最需要請教的人就是自己。問問自己為何老覺得自己不夠好？有自信之後最想做的是哪件事，現在真的沒辦法做嗎？想想到底哪來那麼多的「應該」與「正確」？有必要對自己那麼苛刻嗎？……找個時間好好請教自己，就像請教別人那麼求知若渴，然後靜靜地收下自己內心浮現的答案。當然，有時候我們也會因為取經於別人而增強自信，但真正發揮作用的，往往不是別人的方法，而是我們在過程中學會了傾聽自己。

　　其實大部分的事情，沒自信還是能夠完成。讓我們活得漂

亮的能力，也大多不是與生俱來，而是在生命中沿途撿拾來的。沒自信沒什麼大不了，自卑的、小小的、無能的我，也同樣有資格出發，只要願意踏出第一步，承諾自己即使遇到挫折也要堅持下去，那麼自信會在過程中慢慢熟成。

自信的果實很甜蜜，但那滋味沒辦法長久停留，過一陣子自卑仍會襲來。事情本該如此，沒有人是完美的，人生亦同。**我們無法「擁有」自信，卻可以接納它的消長，允許它的來去。**

" 活得漂亮的能力，是在生命沿途中撿拾來的。"

攝影／江怡萱（人間貓）

給得起的人

第一次覺得自己長大，是意識到「付出」這件事。

小孩子要什麼是直接伸手的，而且覺得別人都會給他。事實上他本來就可以伸手伸得理直氣壯，因為他要長大，那就得要吃、要知識、要空間、要各種資源，這些他都還沒辦法自己產出。

但像我這種從小被照顧得太好的小孩，到了明明已經可以自己產出一些東西的歲數，卻還是習慣跟人伸手要。比如我出發去巴黎之前，很多資訊明明可以在網路上查到，但卻沒那個習慣靠自己查找、蒐集，反而跑去陌生人的網頁留言問人家留學該準備什麼。又或者，當我心煩的時候，總會馬上想到某些人的面孔，接著訊息就丟過去了，霹靂啪啦地傾倒自己的情緒，倒完開始坐等回覆，好像別人有義務要理我一樣。

　　我是一個有成人軀殼的幼兒，歲月讓我長身卻沒長心。我餓了就該有人為我準備食物，我需要幫忙時，別人就不能見死不救，而當我心碎，不同情我的人就是冷血……回憶起以前的丟臉行徑，常常羞愧到無地自容。腦子是個好東西，真希望我一直持有，但過去不知怎麼搞的，從不會去思考自己能為別人做什麼，只覺得我的需求應該要被回應與滿足，而總要有個人來做這件事，管他是誰。

　　唉，如果可以回到過去，我很想為那時候的自己做一件 T 恤、綁一條頭巾，或者寫一首歌，主打 slogan 為：「整個世界，都是我爸我媽。」

　　在台灣，我的家鄉，有那麼多的親朋好友照顧我、疼愛我，我大概死都覺察不到自己的無知。直到去巴黎留學，法語不會講、什麼都不會，每件事都不順利，沒人幫忙根本什麼也做不了，我終於發現自己有多沒用、多可笑了。在異鄉吃的苦是加倍苦，只能自己哭，哭餓了去翻冰箱時，還會意外發現重大的真理：若哭之前冰箱是空的，那麼哭完它肯定還是空的，不像在台灣家裡的冰箱，食物好像會自行「繁殖」。

　　到這麼落魄狼狽的一刻，才領會到生活從來就不是唾手可

得之物。沒有人「應該」要幫我，每個人都有自己的生活要過，沒有誰閒閒等在那兒當我的專屬慈善家。這樣的體會倒不是感慨人都是自私的怎樣怎樣，而是意識到，願意伸出援手的人原來付出了那麼多，而我一直都在索取。我之所以可以活到現在，是多少人的給予造就而成。「沒有的人」會索取，「有的人」才能給，而我就是那個「沒有的人」。

在異鄉，太多的落魄最後是靠別人的恩惠才熬過去。以前認為理所當然的幫忙，如今被我視作寶物般珍藏在心，我已能夠真正看見其中的偉大，每一次收下恩惠，內心都產生天搖地動的震盪。我很想回報，但偏偏給予越大恩惠的人就越不在乎回報，一位影響我一生的恩人，連一頓飯都不讓我請，只笑著說：「妳不要因此討厭巴黎，我就很開心了。」

這些人那麼美好，我因他們的給予而美好。尤其是那個不讓我請吃飯的恩人，一想起他，我就願意全力以赴，成為一個也能夠給予的人。當我有這樣的渴望時，我知道自己不再是以前那個飯來張口、茶來伸手的小鬼了，我長大了。

以前覺得「長大成人」這件事很不吸引人，因為成人的世

界有很多令人難以容忍的蠢事，而成人不知為何總會一直堅持做那些蠢事，過著相當不快樂的生活；且有些人自己過得那麼糟，還逼小孩學他們。總之我有點抗拒長大成人。沒想到，意識到自己長大的那一刻，並不感傷，反而有種迎回力量的感覺。

　　小孩天真無邪地要，大人天真無邪地給。而**長大成人，不過就是成為一個給得起的人，如此而已**。我沒有比以前蠢，也沒有比以前不快樂。沒覺得失去什麼，還得到了更多。

陰謀

　　以前，我擁有很多男生朋友，是很容易跟男生打成一片的人。

　　我愛講髒話、行為粗魯、喜歡和人稱兄道弟……如此漢子一條，心想男生一定都把我當哥兒們，不把我當女生看。事實上完全沒有這回事，一切都是我的幻覺，他們從未把我當男生，一刻都沒有（沒有人會把大奶正妹當男生好嗎）。

　　我以為我們能打成一片是因為我個性討喜，但事實上當時如此融洽的相處多是仰賴男生的特殊待遇。他們嘴很賤，成天講爛話虧我，鮮少對我有所謂憐香惜玉的情懷，但每次聚會結束，一定有人會去弄一台機車載我回家。我不想做什麼，也從未有人勉強我，而他們彼此之間倒是很喜歡互相勉強，誰不配合多數，馬上挨揍遭轟。總之男生們粗魯歸粗魯，其實把我捧在手心裡。

　　我很喜歡這樣的關係，覺得很自在，至少對那個時候的我來說，比跟女生朋友在一起還自在。但有件事十分困擾我：相處久了，男生朋友群中總會有人跟我告白。

　　每次被告白我都很崩潰，瞬間心靈受創，內心小劇場音響開到最大聲，邊搖晃邊嘶吼著：「你怎麼可以喜歡我？你怎麼可以破壞我們的友誼？天啊我們不能當朋友了，喔不，都是你的錯，你毀了我們之間的友誼！」我心裡雖這樣想，但嘴巴卻什麼都沒說，而是立刻人間蒸發，從此不跟向我告白的對象聯絡。這種回應方式非常惡劣，人家鼓起勇氣向我袒露一片真心，我卻拔腿就跑。但那時候的我除了逃走，實在想不出還能怎麼面對，太尷尬了啊，一想到他是喜歡我的，就不知道該怎麼相處下去。

　　千錯萬錯都是別人的錯。為什麼要喜歡我呢？連朋友都當不成的感覺好糟。我不喜歡人間蒸發逃走，但我更怕那種變調友誼的尷尬。從前的我真的相信自己完全無辜。

　　情海浮沉、修煉多年過後我才理解，以前的自己完全活在幻覺之中，當然看不穿自己的無知，而這些其實是為了合理享受男生朋友的付出與照顧。如今我清清楚楚，當年的自己並非真的那麼遲鈍，而是潛意識不願負責與承擔（只想被給予，不

想回饋），所以表意識抽離，造就了遲鈍，其實是個隱藏陰謀啦。

人對於自己的魅力也是要負責任的，我哪會不知道自己是值得被愛慕的呢？但我選擇不去知道，才能脫罪，因為「是你自己要喜歡我的」。同樣的戲碼一次、兩次、三次上演，其實就是個訊號，要我去看見自己的行為背後隱藏什麼陰謀。但我當時不想看見，且若有人揭穿我，我一定會擊鼓伸冤：「我又不是故意的，怎麼可以說我有陰謀？太過分了……」然後咬手帕大哭倒退跑走、在無人的窄巷中搥牆……之類。

這個隱藏陰謀，除了讓我可以合理享受男生朋友的付出與照顧，也屏蔽了自己跟女性之間的競爭。講起來好羞愧，那時候的我覺得女生太拘小節、眉角多、愛比較、心機重，所以覺得自己跟女生相處不自在，哎呀，其實也是幻覺一場，全都是我自己的投射。

這就是傳說中的厭女情結啊。我厭惡自己的陰性面、拒絕面對陰性群體，卻又用陰性特質去掠奪男性的焦點。跟女生在一起不自在，是因為女生能夠輕而易舉揭穿我的把戲，且對待我不會像男生那樣，給予所謂的「特殊待遇」。對於過去那個不認識自己、不接納自己又沒有能力負責任的我而言，跟男生

在一起當然比較舒服，因為能夠享盡寵愛，不必面對真相。

　　這樣的隱藏陰謀既惡劣又沒有智慧，害我少了好幾年擁有姊妹淘的快樂生活。我是女生，卻無法跟女生自在相處，意味著我不接納自己，真悲涼。我花了好一段時間迎回自己的陰性面，那是一段真心懺悔、真心懺悔，再真心懺悔的過程，雖然走了很久，卻很值得。

　　我很慶幸自己可以清醒過來，但想來是有點運氣，謝謝老天的厚愛，也謝謝我是個很願意面對自己並懺悔的人。以前只有哥兒們，沒有姊妹淘，現在的我，人生已不能沒有姊妹淘。拜託，姊妹淘才是真愛好嗎！我以前怎麼會不懂！現在的我好享受女生之間才有的默契、欣賞與支持。只有姊妹淘才懂我一件衣服買三個顏色的心情，以及在我化完妝之後告訴我眼妝很失敗，請儘速重化；也只有姊妹淘會在我受氣時不顧一切陪我罵人（毫無理智、不顧形象的那種罵法），而非進行邏輯分析與釐清問題。

　　不論失戀、換男友、結婚、生子都在身邊，姊妹淘是我的人生伴侶。站在一輩子的時間線上來看，那比愛情還接近所謂「永遠」。

補償

有件事滿好笑的。

當我們覺得自己無能，就會在人前表現出很有用的樣子；覺得自己是魯蛇，就會加倍認真工作，擺脫魯蛇感。或者，內在充滿罪惡感，就會趕快演幾齣假正直、假善良的戲碼；又，最常發生的，就是明明心已碎，但怕被別人發現，就笑著講自己的悲慘故事，裝作沒被傷害到。

我是一個很害怕無能的人，這個恐懼讓我在與人相處時，常忍不住想要展現自己的強項：獨立與給予照顧。我總是想辦法解決自己的問題，還會要求自己也要能夠解決別人（尤其所愛之人）的問題，我很願意傾聽、分享資源、提供見解，我喜歡照顧別人……這些付出看似充滿善意，但背後卻藏了一種匱乏：我可以提供很多好處，請不要討厭我或遺棄我。

我在家排行老大，妹妹出生時，大人們忙著照顧她，而我

很快就發現只要把自己的事情做好，不要造成大人的負擔，就會被誇獎，若更進一步幫忙照顧妹妹，便能得到更多的誇獎。後來又一個妹妹出生了，我又要更能自理、更懂得幫忙，才能得到關注與肯定。

就這樣，獨立跟給予照顧成為我覺得自己值得被愛的理由，所以我一直都在這兩項特質上持續精進，因為我想要被愛。我怕沒有這兩項特質，就沒有人愛我。

這是全人類都在做的事情：尋求被愛。而恐懼在尋求被愛的過程中扮演了關鍵的角色，我們會因為害怕不被愛而努力前進，也就是說，恐懼讓每一個人有動力活著，它也造就了每一個人的人格特質。恐懼是前往愛的通道，卻不是目的，這就是人間最有趣之處，沒有恐懼就沒有生命。

我的恐懼最猖狂的時刻是在生病時，我會一直告訴自己：「趕快好起來！不趕快好起來會拖累別人、變成別人的麻煩，我一定要趕快好起來！」明明內心深處非常渴望被照顧，而生病正是可以理所當然被照顧的時刻，我卻不敢敞開心胸享受，一直逼自己趕快好起來。連生病都不忘自我鞭打，真是滿變態的。我以前就是如此不放過自己，對自己沒有愛。

親愛的女生

　　這造就了我的討愛模式：小時候幫妹妹綁頭髮、洗澡、換衣服，用照顧妹妹們來得到父母愛；長大變成整天掛念著朋友、男友、家人的需求，討愛的對象從父母延伸到所有接受我付出的人們。其實回到最初，我從沒試過如果不照顧妹妹，爸媽還會愛我嗎？我猜還是會，但那時很小，單純地想要一直被愛下去，就這樣延續照顧妹妹的模式。久而久之，這個討愛模式形塑了我的人格，讓我不管面對誰，都想讓他知道：我不僅獨立能幹，還會照顧人。

　　有次跟朋友們聊天，聊到各自為了掩飾無能，做過哪些事。沒想到大家都差不多，都愛用「裝忙」和「努力工作」來掩飾對於無能的焦慮。例如，K只要怕被同事超越就會瘋狂閱讀，S只要業績下滑就會自主加班，我則是一看到別的作家或部落客人氣比我旺，就會卯起來寫個不停，一刻都不敢休息。

　　M問：「因為看見自己的不足而努力補償，不好嗎？」

　　好問題，這個答案我也找了好久。

　　看見自己的不足而努力補償，到底是好是壞？關鍵在意圖。

　　比如打掃。有些人打掃是因為乾淨讓他快樂，他好喜歡乾淨。當他在打掃時，心裡盡是對窗明几淨的嚮往，一想到自己可

以擁有一個很棒很美的家，就很快樂。有些人打掃是出於對骯髒的恐懼，他被恐懼追著跑。他一邊打掃，一邊覺得好難受、好可怕、好煩，不趕快把骯髒的東西除掉，整個人都渾身不自在。

兩個過程看起來幾乎是一模一樣，成果可能也一模一樣，但餵養的能量完全不同。

因為怕髒而打掃，沒有力量，打掃過程既焦慮又脆弱，隨時都有可能崩潰，完全是個受害者；因為期待乾淨的家而打掃，一邊打掃一邊盼望，每個當下都是祝福，一路朝著願景掃上去，越掃越有力量。一邊在餵養恐懼，一邊在餵養願景，差別在這裡。用恐懼餵養出來的漂亮乾淨的家，並不能讓人快樂，但用願景顯化出來的漂亮乾淨的家，可以。

如果我是為了掩蓋自己的不足而展現才華、給予，那我的匱乏會越來越大，大到有一天我控制不住，被它吞噬。這就是為什麼爛好人必然死路一條，因為他內在是空的，還硬要給。

所以，明白自己有幾兩重並接納自己當下的位置，非常重要。有就有，沒有就沒有；愛就愛，不愛就不愛。不要騙人騙己，**真實面對自己，才能迎回真實的力量**。《奇蹟課程》開宗明義之言：凡真實的，必不受威脅，凡不真實的，根本不存在。

當一隻貓

我以前不喜歡貓。不太敢跟貓對視,怕牠們一個不爽,爪子就冷不防襲來。貓的腦袋在想什麼對我而言完全是一團謎,總覺得牠們大多時候都在打壞主意。

第一隻跳到我身上的貓咪,是當時男友克雷蒙母親的黑貓 Topaze(法語祖母綠的意思,發音類似托罷子)。Topaze 大部分的時間都在外頭野,想家時,會從後門下方的寵物通道鑽進屋內。牠常叼著老鼠回家,逗弄一陣之後吃掉,那景象非常非常驚悚。有次牠進家門後竟筆直走向我(幸好沒有叼老鼠),接著跳到我大腿上,站起來環抱我的脖子,發出咕嚕咕嚕的聲音。克媽和克雷蒙兩人很興奮地在一旁說:「雅晴,牠喜歡妳呢!」「但我沒有喜歡牠啊!」我內心大喊,表面露出僵硬的苦笑。克媽跟克雷蒙拿起相機拍下這一幕,我低著頭勉為其難地撫摸 Topaze,希望牠趕快離開。

　　貓就是這樣很煩，行為行蹤都是個謎。明明我並沒有喜歡牠，但 Topaze 從此三不五時就跳到我身上，有時站起來抱我的脖子，有時賴在我大腿上打盹，還有幾個晚上甚至在我睡覺的時候窩到我的臉旁邊。這種愛實在很難收下，尤其睡覺睡到一半，一坨毛擠到鼻孔嘴巴前面，是要嚇死誰。

　　但克雷蒙和克媽一天到晚擺出「哇，牠好愛妳噢！」的態度，好像被 Topaze「臨幸」是多麼罕見且榮幸的事。我這個人腦波很弱，若吃到難吃的東西，只要大家都在我旁邊說好吃，我就會懷疑是自己舌頭有問題。所以我開始覺得 Topaze 對我這麼好，應該是我人生要開始走貓運了，也就是將要與貓這種生物合一、展現出內在貓的一面、成為一個貓女……之類的。這些念頭完全沒有邏輯可言，但我當下信了我自己。

　　拜 Topaze 所賜，在克媽家住了一個月之後，我不再那麼怕貓了。但是 Topaze 爪子刺又愛抱我脖子，把我搞得很痛，還喜歡在我睡覺時毫不客氣地跳上床、用身體擠我的臉。這些動作看似親密，好像我跟 Topaze 有多好似的，可我發誓，一直到離開克媽家，我都沒有樂在其中。只要 Topaze 一靠近我，我還是會在心裡拜託牠走開。

　　回到台灣之後，某次跟朋友聚會，聊到動物跟人的相似度：有些人像貓、有些人像狗，我認識的一個人長得極像鯉魚，朋友說他表弟的外型完全是站著走路的河馬……聊著聊著，突然有人說：「你們覺得楊雅晴是狗還是貓？」頓時所有人都轉過來看我，異口同聲地說：「貓啊。」

　　高中時我有個綽號叫小狗，是大我一屆的學長取的，他覺得我長得很像某種犬類。我對於「小狗」的形象沒有任何抗拒，完全接受這個綽號。但當時若有人把我的綽號取作「小貓」，我會覺得那個人在暗諷我任性又陰險。

　　「貓啊。」那次聚會的現場所有人一致通過我是貓，一聲狗都沒有，連「ㄍ」的氣音都沒有出現。那個「貓啊。」是如此一致，毫不思索地脫口而出。

　　我當下表面呈現呆滯狀，內在暗潮洶湧。我呆滯，是因為當所有人都說我是貓的時候，我心裡竟然沒有一絲不爽，我被自己嚇呆。到底什麼時候開始的？我竟然完全不討厭貓了。被說是貓的那個當下，我第一個念頭是「天啊，原來我這麼慵懶且性感！」有種被恭維的感覺。

　　貓是怎麼在我心裡從陰險任性，變成慵懶性感的？我沒有

半點頭緒。然而此刻，一想到自己給人的感覺是慵懶又性感，甚至飄飄然了起來。不只慵懶性感，我越想越得意，覺得自己一定很優雅又機靈，才會看起來像貓。說不定是因為我腰很細？或者骨頭很軟？還是因為我眼睛很透明很漂亮……簡直一發不可收拾，沉浸在一種「我是貓耶」的粉色泡泡之中。

　　過去我對貓那些莫名其妙的抗拒都不見了，真不知道怎麼發生的，以及何時發生？我現在依然覺得貓任性跟陰險，但這兩個特質變得一點都不討厭，尤其是任性，以前被說任性時多生氣啊，但現在想到任性，只覺得可愛。

　　我彷彿來到了一個全新的境界。從現在起，我可以是一隻貓咪：我像貓一樣觀察，在極其細微的地方找樂子；我像貓一樣動靜分明，遊戲與狩獵時全心全意投入，累了就攤成一團麻糬。我看似謹慎其實少根筋，我有時冷漠有時貼心，我不高興就出爪子，想抱誰的脖子就抱誰的脖子（此刻有點想念Topaze）。

　　以前我不懂貓，比較懂狗，也比較像狗。想要被愛，就用好的表現去交換，比起撫背，更渴望被摸頭。但貓就不同了，

親愛的女生

誰跟你玩交換啊，且想被摸就一定要被摸到，還得摸對地方才行呢。當一隻貓，連撒嬌都可以霸道，連任性都可以說是做自己，也因為這樣，更惹人愛。

身為女人

　　今年的三八婦女節，我看到一則六十二歲婦人自然產生下男嬰且全母乳哺餵的新聞，感到很過癮也很感動。六十二歲的吳女士笑說，對於生孩子，她從來都不覺得年齡是個問題。

　　女人常被叮嚀三十歲就過了保鮮期，過了三十歲，生育條件、美貌資本，甚至是「被愛的權利」都會開始直線下墜。「女人越老越沒價值」是集體潛意識恐懼。所以看到這種新聞，內心就是爽，就像有個鈴鐺不停地冒出「叮咚叮咚」聲昭告天下：又一個女神跳脫集體潛意識，活出另一層次囉！

　　吳女士的新聞引發很多人的不滿與焦慮，他們罵吳女士自私惡劣，只顧生小孩，卻沒考慮到小孩二十歲時媽媽已經八十二歲，年紀輕輕就要扶養年邁的母親有多悲慘。

　　對很多人來說，扶養父母確實是很沈重的負擔，所以當他們看到二十歲的孩子搭配八十二歲的母親，第一反應便是認為那孩子很可憐。但真的是這樣嗎？很難說。現實世界是個奇幻

儘管這個世界這麼愛管女人，依然要天真無邪、不受拘束地相信自己。

攝影／江怡萱（人間猫）

樂園，什麼可能性都有。我朋友的媽媽八十幾歲，仍到處旅遊玩耍、進修上課，活力十足，我朋友想跟媽媽吃頓飯還得事先預約呢，不然媽媽沒空！

在我朋友的認知當中，八十幾歲的老人一點都不孱弱，而是活蹦亂跳的。所以當他看到八十二歲媽媽搭配二十歲女兒，完全不覺得哪裡有問題。到底這樣的組合是幸福還是悲慘，旁人不得而知，但可以確定的是，大家都將自己侷限的經驗投射到別人身上。

尤其當我們投射的對象是「母親」時，更會有一種自以為正義的錯覺，覺得自己有責任要保護人類共同的後代，不知不覺便擔任起母親糾察隊，要把所有不合格的母親都揪出來好好矯正一番。「管教母親，人人有責」的現象非常普遍，當媽的人肯定很有共鳴，甚至不用當媽，女人只要進入青春期，也就是開始接近母親這個身分，便可以明顯感受到全世界都要來管她了。少女會被警告不守婦道將來會無法當好媽媽；年過三十的女人會被指責高齡生產是在殘害胎兒；已經懷孕的女人到哪兒都被隱形法眼盯著，喝咖啡被唸、吃冰被罵、買豆花不能加薏仁；而生完小孩的女人則即刻展開被控訴不是完美母親的一生。所有的女人，都統一被認作是未來、現在、過去的母親。

除了母親之外，還有一個身分也很關鍵，就是妻子。在好女人教條中，女人得先是合格的妻子，然後才成為合格的母親。而合格的妻子必須擅長做家事。

我跟人聊天時提及自己很愛做家事，得到的回應大致上可以分為兩種，一種是「娶到妳真幸福。」另一種是「嘎？我還以為妳是新時代的女性，沒想到妳這麼傳統。」

做家事明明就是我的天賦才華，但大部分的人都不誇我本身，反而把焦點放在社會觀感。事實上，家事要做得好，必須整合美感、創意、自制力、組織力、應變力、記憶力……等等各種能力，如此了不起的才華，卻沒什麼人懂得欣賞，實在太可惜了。

上述兩種回應，看起來好像相反，其實都在用家事來評斷女人的價值。第一種反應認為會做家事的女人才受歡迎；第二種反應則認為不做家事才夠格稱作「新時代女性」。不論是過去還是現在，家事才能都只被當成女人是否符合時代需求的指標。

然而做或不做家事，不過是生活中極為平凡的需求。我過去對家事毫無感覺，不是因為我反傳統，而是那時還是家庭中的索取者，尚未成熟到願意主動為家庭付出。後來愛上做家事，

是因為離家到異鄉生活，不會做家事是活不下去的，在非做不可的環境之下漸漸磨練出家事技能，並從中感受到能夠為自己的住處／家付出是多麼甜美之事。

　　家事之所以會跟女人的價值綁在一塊兒，是因為女人的活動場域長期被限縮在家庭裡。這很愚蠢，為何不讓女人依自己的喜好發揮所長？白白浪費世界上一半的人才。若不想助長這種不尊重女人的愚蠢文化，就要從尊重女人開始，包括尊重那些自願待在家中的女人、包括尊重那些愛做家事的女人，而不是去譴責她們不夠進步。女人最不缺的就是規訓了，以道德之名、以維護傳統之名、以進步之名、以提升文明之名……一大堆的「該」與「不該」。

　　回到母親，人人都愛管的母親，就連她的子女也要管她。人在世上第一個與他者的關係，就是與母親的關係。我們對媽媽的期待通常是「完美」，因為媽媽的不完美會導致我們的創傷，所以媽媽不能不完美。如果我們無法原諒媽媽所犯的錯誤，就會透過控訴那些可輕易批判卻不需付代價的其他母親，來得到暫時的緩解，比如公眾人物、路人、不熟的親友。

　　所以母親常常在挨罵，且常常是一些實在不干他屁事的閒

親愛的女生

人在罵，哎，這個世界真的有夠愛管女人、管母親的。但我想這背後是因為大家潛意識都知道，母親也就是女人才是力量的源頭。儘管一個生命在最初需要精子卵子相互結合，但受精過後直到出生，掌握大權的都是母親。從這個角度來看，我欣然接受母親所引發的大眾焦慮，沒有力量的東西沒辦法引發焦慮，所有對女人的規訓，都是女人擁有強大力量的證據。

在這層層規訓之下，女人可以為自己編織出悲慘受害的故事，卻也可以創造一個女神刀槍不入的故事。近幾年我看到一個又一個女神用天真無邪的方式在衝撞這些規訓。她們不是反抗，而是內在根本沒有那些舊價值觀，所以傻傻地、不受拘束地去做。儘管七嘴八舌的人很多，她們依然天真無邪、相信自己，然後漂亮顯化自己的信念。

今年的三八婦女節，老公下班時帶了三朵玫瑰花來保姆家接我與女兒，一朵送給保姆，一朵送給女兒咪哈，一朵送給我，老公真貼心。

到家後我簡單料理了晚餐：白飯、炒蛋、青菜，和一條煎得超破碎的魚。老公煮了湯圓當甜點，一家三口（四口）坐在一起吃。餐後咪哈拿著玫瑰花在遊戲墊上亂甩，根本沒在鳥那

是他爸的心意,很好笑,但是我心疼玫瑰,所以趕快把她們從咪哈手中救出來。

在婦女節這一天,不必小心翼翼身為女人該做什麼、不該做什麼,而只是身為一個人,如實地把這一天過好,我覺得很快樂。

晴雨交替

　　朋友間聊天，常會聊到怎麼處理負面情緒，哎呀這可能是人間最重要的問題之一。

　　壞情緒發洩出來會攻擊到別人，壓抑則是攻擊自己，真不知道怎麼辦好。這也不是正面思考就能解套，正面思考是理智尚存的時候才派得上用場，但情緒屬於潛意識範疇，那裡沒有理智可言，你對情緒下指令說不准哭，它越要哭，就像生氣的時候聽到「不要生氣」並不會因此熄火，難過的時候聽到「不要難過」只會更想來個大崩潰。

　　悲傷、憤怒、沮喪……這些負面情緒出現，是想要被安撫，不想被忽視。我們都見過，當一個小孩呼喚媽媽來看他堆好的積木城堡，若媽媽沒理他，他會一次又一次地叫，越叫越大聲，直到媽媽理會他為止，他不需要什麼浩大排場，他只是要媽媽走過去看一下，笑一笑說聲好棒，他就會繼續玩他的遊戲。

　　負面情緒發作，差不多就是這個狀態。大多時候它只是想

被看見與安撫，沒有我們所以為的那麼難纏。**真正困住我們的，不是負面情緒本身，而是我們對負面情緒的恐懼。**

幾年前我在一場雨中騎著摩托車趕去上課，抵達教室之後，整雙鞋濕到像盛滿湯的湯匙，穿著襪子的雙腳在鞋裡泡得白花花，走起路來還噗滋噗滋發出浸水的聲音，超級不舒服。一踏進教室，我就對學生埋怨：「下雨好討厭喔。」

「不會啊，下雨天可以踩地上的水，很好玩，而且下雨天很香。」國小五年級的她歪著頭看我，開始描繪記憶中所有的下雨天，她跟同學們玩了哪些只在雨天才能玩的遊戲。

她讓我想起自己小時候好像也不討厭下雨，至少不像現在這麼討厭。

國小校舍的走廊，地面是磨石子地磚，那花色不管怎麼掃怎麼拖，看起來都髒髒的。每逢下雨，千百雙沾了雨水的鞋毫不客氣在上頭踩著跑著，一個步伐疊一個泥腳印，磨石子地看起來又更髒了。

雨天的學校沒有秩序，尤其放學時間若剛好下雨，路隊肯定亂成一團。導護老師拚命吹哨叫大家守規矩，卻一點用都沒

有。「不要弄啦！」「叫風紀記你喔。」「老師他用雨傘的水噴我臉！」「老師她踩我。」……雨嘩啦嘩啦地下，小屁孩們推來推去，地板髒兮兮、天空灰濛濛，一切亂七八糟。小時候很喜歡雨天那種混亂的感覺，好像可以趁機為所欲為。

　　長大之後，除非跟曖昧對象在雨中漫步，或者不小心跟休傑克曼一起困在某個擁擠的屋簷下（只有我們倆），我才有可能因雨狂喜，並拜託老天讓雨越下越大，大到讓我回不了家最好。大概除了上述兩種可能之外，其他所有雨天不論雨大雨小我都討厭。壅塞的交通、骯髒的街道、不舒爽的雙腳、濕漉漉的衣服和雨具……煩煩煩煩煩，一下起雨來，整個人負面情緒纏身，難以排除。

　　「到底為什麼要有雨天啦，吼。」雨天的存在令我真心覺得煩。到底為什麼要有雨天啦？一直到開始養花，才又忽然醒悟。

　　每次下過雨，我的玫瑰就冒出紫紅色的嫩芽，沒多久花苞便從嫩芽中竄出，接著蓓蕾逐漸膨脹，時候到了，花就開了。這是只有雨才辦得到的事，陽光不能，陽光給她盛開的力量，

但只有雨能夠喚醒她的花朵。

到底為什麼要有雨天？不只我的玫瑰，花園裡的每一株植物都懂。只要陽光與雨水輪流報到，整個花園便生機盎然，抽高、冒芽、結花苞、開大花，還有錯落的、小巧紅潤的果實。但陽光與雨水一定得輪流報到，若只有陽光或只有雨水，不消多久，植物們便會一個接一個一死去。

負面情緒就是雨啊，排除與抗拒註定徒勞無功，它是讓生命得以延續的必要條件。陽光和雨水自有韻律，就讓它們做它們的事吧，不用過度擔心。晴天是一天，雨天也是一天，晴雨交替是最完美的狀態，日子因此能夠綿長地流下去。但不要忘了，雨是來了又走，走了又來，而太陽一直都在。

紅帽子

有個故事是這樣的……

女人走進服飾店。「先生，我想找一頂紅色的帽子。」

「不好意思，我們沒有賣紅帽子。」店員回應她。

「這裡配件這麼多，就算有紅帽子店員大概也忘了，我自己找找。」女人繼續在店裡閒逛但一無所獲，她決定改天再來，也許下次就會有紅帽子。

三天後，女人再次踏進店裡。店員是同一個。她想問紅帽子的事卻不好意思開口，只好又自己逛了起來。「店裡帽子這麼多，連這麼冷門的鮮紫色帽子都有，怎麼可能就沒有紅色，他一定是留給熟客了。」女人不甘心地又找了一會兒，依舊無所獲。她產生了進一步的想法：「可能因為我跟店員不夠熟，所以他不願意幫我進紅帽子，或者，就算有了紅帽子他也會先賣給其他人。我知道了，我要跟店員混熟一點。」

女人的結論讓她決定在店員面前成為一個更有魅力的人，

讓店員更願意協助自己。於是她立即著手自我改造，包括修剪頭髮、購買一支新口紅以及增加運動量。女人期許自己容光煥發、魅力十足，讓人一看到就想親近。

經過一週的努力，她感覺身心輕盈美好、一切都在掌握之中，然後自信滿滿地走進店裡。店員確實被她所吸引，而顯得比平常更加殷勤。但關於紅帽子，他的答覆仍然一樣：「不好意思，我們沒有賣紅帽子。」

「起碼他說抱歉的態度比之前看起來更真誠與愧疚，店員很快就會為我訂紅帽子了，我感覺得到！」女人自我鼓舞著，對紅帽子的事情採取樂觀與執著的態度，同時盤算著倘若店員沒有為她訂購紅帽子，她該如何提出要求。

第四次踏入店裡，店員一看見女人便熱情地問候，像對待熟客那樣招呼她。他們倆聊了許多，女人小心翼翼地不主動提及紅帽子，她不想讓對方察覺自己刻意建立的熟絡都是假的、都是為了紅帽子，所以她花了滿長的時間跟店員閒扯，直到快失去耐心，才故作輕鬆地問了一句：「你們最近有進新貨嗎？」

在女人的想像中，店員應該要從櫃檯底下拿出一個盒子，

然後溫柔地說：「這段日子妳都在找紅帽子，妳的期待我全都看在眼裡，所以呢，噹啷！我幫妳訂了一頂紅、帽、子！」接著從盒裡取出紅帽子當作驚喜送給她。

然而這段想像並沒有實現，店員的回應是：「喔，這幾天沒有進新貨。」

這句話深深刺入她的自尊。「他甚至連紅帽子都沒提到！他是故意忽略我要紅帽子這件事嗎？」她感覺備受羞辱，匆匆忙忙地假裝有事，就從店裡逃出來。回家之後自己一個人在沙發上捲起來哭。「真可悲，太可悲了，我是個可憐的白癡，沒有人想理我，我要一頂紅帽子，但沒有人在乎，我是個沒人在乎的廢物。」女人陷入自怨自艾的漩渦。哭累了之後，她開始幻想，若自己可憐到某種程度，說不定就會出現某個人，想辦法弄一頂紅帽子來給她。這個念頭雖然讓她感到愚蠢，但若真的發生該有多好！「誰來給我一頂紅帽子啊⋯⋯」她繼續痛哭。

又過了一週，女人沒有勇氣踏進服飾店，但對於紅帽子仍無法死心，便決定到服飾店對面的咖啡廳坐坐。她說服自己今天只是來喝杯咖啡罷了，卻無法克制地不停關注服飾店的動靜。

某次低頭看錶時，眼角餘光瞥見一個女人從服飾店門口

經過，頭上戴著紅帽子。那一瞬間她覺得到自己的呼吸連同心跳一起暫停了。一股力量緊緊掐住她的脖子，使她動彈不得。她氣到肩膀發抖。「該死！那戴著紅帽子的女人是從店裡走出來的嗎？那紅帽子是在那該死的店裡買到的嗎？該死！真是該死！」女人對自己方才的分神氣惱到極點，但追上去質問紅帽子的來源卻為時太晚又太難堪，痛苦的自責蔓延開來，轉為憤恨，她相信自己遭到嚴重背叛。

盛怒之下，女人決定採取報復。「下次找個機會去酸那個店員，讓他難堪。」「我一定要去別的地方買一頂最漂亮的紅帽子，戴著它來到這間店裡，讓他自慚形穢。」女人咬牙切齒，已完全不在乎紅帽子，而只想跟這間服飾店奮力一博，取回她所失去的時間、期望、付出以及自尊。

邃密的心思、鍥而不捨的意志，為女人鋪出一道死胡同。她深信只要自己「夠好」，就有資格得到一頂紅帽子。而自始至終，都未曾考慮直接採納第一次踏進服飾店就得到的訊息：「不好意思，我們沒有賣紅帽子。」

這個紅帽子故事，來自《自我對話的藝術》（Pamela E. Butler 著）一書（已絕版）。作者是一位心理醫生，對不同個案

重述過多次這個紅帽子的故事，每次都在細節上略作修改，以配合個案的心理情境，每一次都頗有效果。

故事中的女人明知店裡沒賣紅帽子，卻費盡心力偏要在這間店買到紅帽子，而不是直接轉往下一間店，且過程中從未直接表明自己的需求，認為只要自己夠好，即使不開口要求，渴望的東西也「應該」要出現。現實生活中，這樣的執著其實無所不在。

紅帽子可以是很小的物品，也可以是至關重大的事件，它是任何我們試圖用「受害」交換來的東西，它也是我們渴望從一個「沒有」的人身上索取的東西。我們其實常常陷入跟故事中的女人同樣的網羅，且一旦陷進去，就直直走向死胡同。

比如我們妄想著匱乏又吝嗇的老闆，會因為我們表現得夠好而突然變慷慨，發給我一筆獎金。我們刻意忽視老闆本來就是個好剝削的小氣鬼，而將焦點錯放在是自己犧牲不夠。一年一年過去，我們把停滯的事業與收入怪罪在老闆身上，規避自己懦弱、不敢離職的事實。我們編織戲碼阻礙自己，卻怨恨老闆。

或者我們遇上一個擺明了不想建立穩定關係的戀人，卻一

心癡望只要自己夠好、付出夠多，對方就會為了自己轉性。我們不惜用婚約、懷孕來對他施行罪惡感與責任的壓迫，最後一切方法皆失效時，指控對方浪費我們的青春、糟蹋我們的感情。

又或者，花上一輩子的時間渴望爸爸媽媽滿足我們。當我們指控爸媽給予我們的待遇不夠好時，不會想到那是因為他們也沒被他們的爸媽好好對待，他們沒被好好尊重過、疼惜過，甚至沒真的被愛過，他們也是無助的，他們給不出他們沒有的東西。我們只站在自己的位置上，指控爸媽不合格的行為導致我們受創很深，若不能從爸媽身上取回我們認為自己應得的待遇，心理便無法平衡。如此，一執著便是一輩子。

我們用一頂不存在的帽子阻擋自己前進，或者不只一頂，而是很多頂，不只紅色，是五顏六色。老闆不給我紅帽子、伴侶不給我紫帽子、爸媽不給我黃帽子、兒女不給我藍帽子……一頂又一頂。如果我們傻傻卡在這裡等待，就沒有力量、動彈不得，直到死前最後一刻都還在怪罪別人不給我們帽子。

「都是他害的。」

　　對大部分的人來說，「受害者」這個詞通常只會出現在新聞報導裡，生活中鮮少提及，它似乎是某個與我們有點距離的身分，或者說是我們不希望與自己產生連結的身分。拜託，有誰喜歡當受害者啊？當然沒有！喔不，再仔細想想，真的是這樣嗎？才怪。

　　我們眷戀受害者身分的程度，其實比我們以為的還要高出很多、很多、很多。

　　比如今早搭捷運時，被一個匆忙的路人撞了，對方不僅沒說對不起，還皺眉轉過頭來狠瞪一眼。雖不是什麼大事，但讓人非常不爽。「那個沒禮貌的路人害我心情不好。」這時候的我，是一個小小的、短暫的受害者。受害感可能幾分鐘、幾小時之後就消失了，嚴重一點可能記恨幾天。又或者，這無禮的路人讓我們想起過去的類似經驗：當時不只是輕輕擦撞，而是被撞

倒在地，包包裡的東西撒出來，手機被路人踩破螢幕、新買的粉餅摔碎、玻璃水壺裂開，撞人的傢伙一聲不吭早就消失在人群中，圍觀的民眾還在一旁碎念：「啊包包怎麼拉鍊不拉起來？難怪東西會掉出來⋯⋯。」這就不是幾分鐘、幾小時可以消解的怨念，可能必須在臉書貼文發洩、跟親朋好友吐苦水幾輪，激烈一點則需要向捷運局要求賠償，要不到賠償好歹也找個人來咎責與洩憤。

如果剛好過往有類似的、更大的創傷被引發，受害感就會加倍膨脹，然後我們就會啟動機制，讓自己穩穩站上受害者位置。生活中其他的我繼續過生活，但這個事件中的我，就這樣停在這裡。撞到我的人早就消失，但我在心裡一次又一次被撞倒，感覺好衰、好受傷⋯⋯

「某個人讓我受傷了。」其實這麼簡單的想法，就會讓我們成為受害者，而且有時並不太想離開這個身分。不僅是人能使我們受害，一個東西、一個事件，甚至神或鬼，都能使我們受害。而受害從來就不是獨角戲，它必須搭配至少一個迫害者以及至少一個拯救者才成立。

幾年前曾看過一個很有意思的三角形理論，叫做「卡普曼

戲劇三角形」，三角形的三個端點是拯救者、受害者、迫害者。各端點並非固定的，而會輪替。也就是說，一旦我坐上了三角形，便會在受害者、迫害者、拯救者這三個角色當中流轉。

　　想像起來好像有點複雜，但套用到自己的生活，其實很好理解，尤其在關係中，信手拈來就是一堆三角形關係的輪迴。

　　比如我們都很愛改造伴侶，使其更貼近我們理想中的樣子，衣著、品味、飲食習慣到人格……，全都值得下手。我們相信自己可以讓伴侶成為一個更好的人，此刻的我是「拯救者」。經過很多努力，伴侶始終沒有達到我的標準，我很傷心、委屈，覺得自己可憐斃了，心血都付諸流水，好想學《享受吧，一個人的旅行》裡面的茱莉亞羅勃茲那樣跪在地上哭兩下，此時的我來到「受害者」的位置。

　　轉頭看看伴侶，唉，這窩囊廢是不會有任何改變了，想著想著心有不甘，決定來點報復，可能是給他臉色看、做些讓他難受的事，或者離開他、懲罰他，此時我前進到「迫害者」的位置。

　　伴侶被我懲罰之後，看起來好慘，我突然心生愧疚。嗯好吧，我收回我的惡毒，重新當他的好伴侶。也許上次方法不對，

這次換個方法試試看，他會改變的，一切重新開始吧，此刻我重新登上「拯救者」寶座，三角形輪迴也重新啟動。

再來個例子。比如朋友向我借錢，還說若籌不出這筆錢就會橫死街頭。我趕緊拿了一筆錢給他，幫他渡過難關，我是「拯救者」。過了一陣子，朋友熬過險境，我去探望他、關心他，順便叫他還錢，他竟然說沒錢還我，但車庫裡卻有一輛 BMW，手上戴勞力士。我當初為了借錢給他省吃儉用了一陣子，沒想到他有錢之後顧著吃香喝辣且沒打算還，我氣炸了，我成了「受害者」。回家氣了三天，我決定再度登門造訪，但這次是去揍人的，我把他打得歪七扭八，我是「迫害者」。朋友良心發現，親自把欠款拿來還我，我得救了，錢回來了，謝天謝地，朋友成了「拯救者」。

這個例子還有另一層面值得一提，其實借錢給朋友的當下，我已經把朋友放在「迫害者」的位置，因為這筆錢要是拿不回來，我會感覺受害，所以借錢的那一刻起我已是受害者，而朋友是迫害者。曾有人說，借錢給朋友最適當的金額，是即使討不回來也不會痛的金額，就是基於這個道理。當我們不會受害於這個金額，才能把錢借出去，否則這段關係就會毀掉。

從三角形理論可以看出，「受害」這件事其實沒有我們想像的單純。於外，受害者隨時可能轉為迫害者或拯救者；於內，受害者會把自己無法更好歸咎於某個事件、某個人或某個東西，而無意識地規避自己的責任。很多人聽到責任，便以為是在要求受害者承擔一部分「引發事件」的責任，比如提及性侵，永遠有人怪罪是女方穿太少、太隨便、太好上……等等，此說法既愚蠢又粗暴，我所指的責任不是這個。

對受害者來說，迫害者如此惡劣，最好去死，或者至少此生都不要再讓我看見。但事實上，即便迫害者真的死了，他也還是活在我們的生命裡，因為受害者很容易無意識地重播受害事件，一次又一次對自己或他人重述。明明是巴不得從生命中剔除掉的人與事，為什麼要一直重播呢？因為我們心有不甘，想被平反、被安撫、被補償啊！接著便開始等待，等待一個完美的日子，發生一個完美的事件，讓這一切過去。在補償被圓滿之前，我們會持續不斷地聚焦這個受害故事。這就是最殘酷之處，那個人應該早早死去的，可是我們卻給了他權利，還給了他力量，讓他活在我們的生命裡。

於是生命就此耽擱。

　　你說，人生怎麼會這麼難？怪罪迫害者也不行，活著還有什麼意義？可是怪罪他，就給了他一個位置，讓他阻礙你。**當我們憤憤不平地認為人生之所以沒辦法更美好「都是他害的」，我已賦予了迫害者一個無與倫比的地位，他從此有權決定我能不能走上我想走的道路，甚至決定我能否擁有幸福的一生。**「不詛咒他、不報復他，難道就要這樣放過他嗎？」也不是，惡人必有惡業，與他結怨之人必不少，宇宙自有回饋系，他早已活在懲罰之中。對於迫害者，我沒有要他死也沒有要他活，我只要他「擋不了你」，你可以勇敢地說：「你誰啊？你有什麼能耐毀壞我？沒有這回事，我大過你，你擋不了我的。」

　　我們唯一的責任，是活得美好。這也是我們在受害的時候唯一需要咎責的事，就是捫心自問：我是不是允許這個人或這個事件剝奪我的美好？如果忘記這樣問自己，忘記去看見自己在事件中也是有力量可以做出選擇的，很容易就這樣「撩下去」，失去人生。且**受害不會只是單一事件而已，它會變成一種模式，我們會漸漸習慣在挫敗中選擇受害者身分，一步步失去生命的主控權。也因為我們總是選擇停留在受害階段，所以我們會召喚一個又一個的迫害者來到生命裡，配合我們演出。**當一個人抱怨工作團隊裡有個白癡，那麼他肯定總是遇到白癡，

因為他內在有個「與白癡共事」的模式；一個戀人抱怨另一半是渣男，那麼他前後任極有可能也都是渣男。這就跟在家裡看到一隻蟑螂，表示家裡至少有兩千隻蟑螂一樣，浮出檯面的只是小訊號，真正促成事件的，是內在的大冰山。

世上惡人多的是，殺了一個，還有千千萬萬個，就看我們是要選擇當個追著惡人跑，見一殺一的殺手，還是當個筆直朝向願景，勇往直前，沒人擋得了的戰士。

受害是稀鬆平常的事，無時無刻都在發生，我們不需要創造零受害的完美世界，而是要練習讓它過去。受害了，可以哭、可以靠夭、可以墮落、可以找朋友取暖……為期多久自己決定，只不過在這些哭爹喊娘的背後，心中始終保有一份篤定：「沒有任何人事物擋得了我的願景、我的美好。」然後，看著眼前的受害，讓它過吧。

召喚內在美好的鍊金術

　　我的第一本書《百吻巴黎》中，有一位法籍攝影師叫做巴蒂斯特。見到巴蒂斯特本人之前，我憑著他信中寫的「在世界各地拍照」這條線索，把他想像成神力女超人之類的角色，總覺得能在世界各地拍照的人，應該身手矯健、溝通能力極強、見過大風大浪而魅力十足，做什麼都游刃有餘，且多情性感。但見了面之後，發現他竟然安靜、害羞，而且是個男人。

　　巴蒂斯特的魅力就在於他的安靜，他的安靜不是話少，他很健談，跟他聊天很愉快，但他的安靜是一種氛圍，巴蒂斯特擁有一般人少有的內在和平。無論眼前環境資源匱乏或充裕，巴蒂斯特都能夠盡力發揮且極有效率，從沒聽過他嫌東嫌西，永遠笑咪咪的。最後一次一起拍照那天，我告訴他：「巴蒂斯特，跟你工作的感覺，就像在天堂裡喝下午茶。」他微微一笑，沒多說什麼。

　　像巴蒂斯特這樣的人，是真正的強者。他們可以接納任何事，很少人事物能使他們受限或受害，有種兵來將擋、水來土淹的大器。他們通常也會是領袖，且散發慈悲的氣息（巴蒂斯特就頗慈眉善目）。他們配得很多很多的尊重、支持與協助，因而強大；而強大之後，則能夠給予更多更多。這是一個豐盛的循環。

　　在巴蒂斯特之後，我陸續又認識了很多這樣的人，越來越確定，這就是強者的樣貌。我想要有一天也能到那個位置，那個有很多愛可以給予的位置，但目前還在路上。我現在的愛大概只夠給可愛的人而已，遇上不可愛的人還是一心覺得：你給我滾。比如那種內心匱乏、很無能、整天怪罪全世界、推卸責任的工作夥伴，實在是想愛也愛不下去，根本只想擺脫他。若非得跟他們合作，我會覺得自己很倒楣，一邊共事一邊暗自埋怨，時不時就害怕被他們拖累。

　　即便對自己的厭煩情緒很坦然，我內心深處仍很清楚，擺脫一個或者一種我不喜歡的人，最根本的方法就是接納，否則依據創造法則，他們只會出現得越來越頻繁，且惹惱我的力道還會越來越大。畢竟抗拒也是一種召喚啊，他們接收到我對他

們的抗拒，就會不知怎麼搞的莫名想來找我，很愛來、一直來、沒事就來、來到欲罷不能。唯有收回這種投射，循環才會完結。

　　真正的強者是不怕團隊裡頭有人壞事的，因為他們很清楚自己有方法讓任何人都變好，好到足以勝任他所交託的事。那個方法說神祕很神祕，但也不是什麼複雜精細的步驟，就是「召喚出一個人內在美好」的能力。

　　每次在一旁觀察，都歎為觀止。因為大部分的人遇到這種領袖，都會想要拿出自己最好的一面。即使是我剛描述的那種不負責任的拖累精，來到這樣的領袖面前，也能夠成為有所貢獻的人。說白一點，蠢貨跟我一起工作，只能是蠢貨，因為我如此自以為是，我如此愚蠢，蠢貨跟蠢貨配在一起剛好而已；但蠢貨在強大的領袖那裡，會變成有用又美好的人，因為強大的領袖可以召喚出一個人的內在美好，每個人到他那裡，價值都會翻倍。

　　原來，**強者中的強者，根本不需要煞費苦心尋覓對的人事物，而是任何人事物來到他面前，全都會變成對的、美好的、價值連城的。**

　　這才是人世間真正的鍊金術啊。

親愛的女生，

站在鏡子前的我們，老是在乎好看與不好看，卻很少想到：

身體是我們第一個閨蜜，沒有她的支持，我們哪兒也去不了。

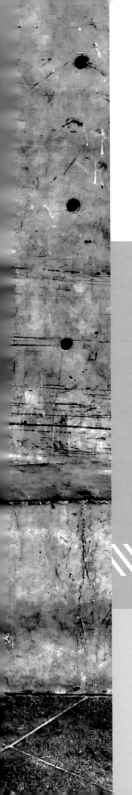

Part 2
可愛的身體

紅毯上的膚淺？

　　某天下午開車時，聽到廣播主持人抱怨奧斯卡紅毯上的性別歧視，他說女明星在紅毯上常常只被談論穿著，但男明星就會被關注演技跟電影。「為什麼女明星就不能被問一些更有內涵的問題？為什麼女明星永遠都只被問那些膚淺的穿著問題？」

　　聽到廣播主持人義憤填膺地抱怨時，我第一個想到的是那些禮服跟配件的設計師。我在想，他們的大作在全球最受矚目的伸展台之一，也就是奧斯卡紅毯上風風光光地登場，這本來就是值得大書特書、大問特問的焦點，卻被說是「膚淺的穿著問題」，不知道設計師們會不會感到很失落、傷心？

　　這些明星的一身造型從無到有，最後踏上奧斯卡紅毯，是多麼驚天動地的事，其中得動用到多少人的天賦才華，服裝設計師、裁縫師、珠寶設計師、珠寶製作師、鞋子設計師、製鞋師、包包設計師、製包師、髮型設計師、彩妝師……數不清的

大師才能成就一身造型。而最重要的，是要找到能夠駕馭這一身的人。這可不是「美女穿什麼都好看」這麼簡單，想像一下，很美的珍妮佛勞倫斯跟很美的凱特布蘭琪禮服交換穿，兩個人都會走鐘。

不僅如此，「人穿衣不是衣穿人」是鐵律，要能襯得起這麼一套集合所有大師之作的裝扮，女明星付出的心力是難以估量的：氣質、個人特色、鮮明的形象、身材、膚質、膚色、臉蛋、名氣……全都要到位。這些從來就不是「長得漂亮」便可涵蓋，一個女明星在奧斯卡紅毯上的穿著，背後的細節全是了不起的專業與才華，所有環節都極有深度。

我一直在想，為什麼廣播主持人以及其他人，會認為在紅毯上談論電影是有內涵，而聊穿著就是膚淺呢？有人說，因為奧斯卡是電影頒獎典禮，不是服裝設計頒獎典禮，所以紅毯要談電影才高尚，問穿著就失焦、膚淺。這聽起來似乎很有道理，但紅毯訪問時間那麼短、明星那麼多，主持人常常只是閒扯幾句、開個玩笑就過去了。真的那麼渴望深度訪談，在網路上尋獲的機率鐵定比紅毯高出許多，關於角色的訪談影片外加心路歷程，資料要多深有多深、要多淺有多淺，我們又何苦指望紅

毯上的那幾秒?或許真的有人期待在紅毯上聽見、看見深度訪談,但大部分的人都是想在這條星光大道上,目睹一個平時在螢幕上帥或美到天地不容的人類,頂著明星光環、穿戴名貴的禮服與配件,做出跟我們一樣平凡甚至低俗的事情,比如打噴嚏、開個爛玩笑或跌倒,一方面產生「原來明星也是人啊」的平衡心態,另一方面又忍不住欣羨他們怎麼會連做如此平凡的事情,都依然迷人。

　　電影《穿著 Prada 的惡魔》裡,安海瑟薇飾演的安德莉雅,頂著西北大學的漂亮履歷,自認有腦、有深度、有格調,對時尚抱持著不屑的態度。她一進公司,就在午餐時對同事奈吉爾說:「我不會一直待在時尚界,又何必為這個工作改變自己?」安德莉雅對於其他同事追求纖細身材、講究衣著的行為感到不屑。也許是見多了像安德莉雅這樣自以為是的人,奈吉爾只是挑挑眉,酸她:「喔,(時尚)這個數十億產業的核心,就是『內在美』,是嗎?」

　　不知天高地厚的安德莉雅,甚至把輕蔑時尚的態度帶到老闆米蘭達(也就是穿著 Prada 的惡魔)面前。當米蘭達與其他同事很認真地在兩條皮帶之間做選擇時,安德莉雅竟然噗嗤一聲

笑了出來。

　　米蘭達：「有什麼好笑的嗎？」

　　安德莉雅：「那兩條皮帶在我看來都一樣。我還在⋯⋯努力學習這些『玩意兒』。」

　　米蘭達：「這些『玩意兒』？」米蘭達揚起下巴，把安德莉雅從頭到腳打量了一番。「噢，ok，我懂了，妳覺得這一切跟妳毫無關係。今早妳走向妳的衣櫃，然後選了那件，怎麼說呢⋯⋯」

　　米蘭達指著安德莉雅，「臃腫鬆垮的藍毛衣。藉此讓世人知道，妳多麼有深度，有深度到不需要在乎自己的裝扮。但妳不懂的是，這件毛衣不只是藍色而已，它既不是土耳其藍，也不是寶石藍，它是天空藍。

　　「當然，妳更不可能知道 Oscar De Le Renta 在 2002 年的時候設計了一系列的天空藍禮服，然後我記得⋯⋯Yves Saint-Laurent，沒錯吧？ Yves Saint-Laurent 接著推出天空藍的軍事風格夾克。

　　「之後，天空藍馬上出現在其他八位設計師的系列作品裡面，接著又流入百貨專櫃，最後淪落到那些可悲的休閒服專櫃，而妳，從特賣花車裡把它翻出來買走。

　　「總之，那藍色代表數百萬資金和無數的工作，而妳卻可笑地以為穿這件毛衣可以讓妳顯得與時尚毫無瓜葛，事實上妳穿的，是這個房間裡的人從這堆妳所謂的『玩意兒』之中，老早就替妳選出來的。」

　　時尚已是個成熟且龐大的全球性產業，但它對很多人來說，不過是「讓愛漂亮的膚淺女人更加盲目追求美貌的愚蠢行業」。奇妙的是，對時尚發出嗤之以鼻批判的，常常是那些對時尚一竅不通的人，就像安德莉雅。安德莉雅在自己的研究領域十分負責且專業，但遇到時尚，即使完全都不懂，卻不覺得任意輕蔑它有什麼問題。

　　「漂亮的女人」一直以來都被當作簡單膚淺的物件，就連漂亮的女人本身都忙著撇清自己不只是漂亮而已，還有其他更正經的才華、更高尚的長處。但**「漂亮」這件事從來就不簡單，更不膚淺。**很多人以為模特兒只要長得漂亮，再節食成為排骨精就好了。不是這樣的，要能夠在鏡頭前展現自己，背後要學要練的眉眉角角可多了，還有數不清的挑戰與鍛鍊，它就是一項專業，而且門檻還很高。

　　捫心自問：當我們在批判「紅毯主持人訪女明星衣服不訪

電影」很膚淺的同時，對於主持人跟明星話家常、閒扯、開黃腔，也同樣感到膚淺而不滿嗎？是不是只有問到服裝，我們才覺得這個主持人沒深度？我們是不是也跟安德莉雅一樣，掉入二元對立，認為深究知識是高尚的行為，聚焦美貌則很膚淺？

　　兩個女孩都擁有五百塊，一個拿去買一本書，另一個拿去買了一支口紅，大家都說買書的女孩比較棒。

　　但知識是力量，美貌也是力量啊。為了擁有美貌的力量，也得學習很多的知識、付出可觀的努力。有什麼好膚淺的？是誰在定義膚淺？是誰在貶低專注於美貌的人們？是誰在歧視、歧視什麼？

　　別瞧不起熱衷美貌的人們。拿五百塊買一支口紅的女孩，可以用這支口紅做到多少事，你不會知道。

「無須刻意「強大」，可愛或者美麗、漂亮，也是一種力量。」

攝影／劉岳璋

裝扮的魔法

「有沒有哪件衣服，妳只要穿著它就覺得自己美斃了？」

有，我有幾件洋裝，洋裝本身沒什麼特別，但每次穿上它們，就覺得自己超美。好像衣服的意識跟我的意識合一似的，我知道它會讓我美一整天或一整夜，而且絕對不會扯我後腿。一種奇異的信任感。

還有幾件禮服。有次去閨蜜的公寓玩耍，聊著聊著我開始亂翻她的衣櫃。「欸我問妳喔，有什麼衣服是妳不管穿去哪裡都可以很自在的？」

她竟然回答：「演出服。」我聽了先是大笑，覺得她很瘋狂，但立刻就發現我也是。我曾經穿著長及腳踝的禮服搭高跟鞋去逛士林夜市。那一身裝扮前不久才出現在學校音樂廳的舞台上，下一刻卻在攤販與垃圾堆之間穿梭。我穿禮服比穿運動服還自在，因為禮服屬於我，運動服不屬於我。

　　事實上，我衣櫃裡完全沒有運動服，禮服卻很多。音樂系女生衣櫃裡一定會有的就是全套黑色演出服，以及長及腳踝的禮服。全黑演出服款式不限，只要黑色即可，通常在管弦樂團演出時派上用場。個人獨奏會與室內樂演奏會時，才出動長及腳踝的禮服。長禮服的顏色與款式很多變，演出者之間會約好一個 dress code，免得在台上看起來亂七八糟。上次我跟閨蜜演出雙鋼琴，兩人就約好了都穿魚尾長禮服，她深咖啡色，我黑色，美得要命。

　　講到黑色，我有個朋友的衣櫃裡沒有黑色，她拒絕穿黑色，因為色彩學老師說黑色是最沒有能量的顏色。可是這個最沒有能量的顏色卻給我最多能量，我穿黑色就是爽、就是美。儘管一身黑常被嘲笑像是要去參加喪禮，或被長輩碎念年紀輕輕卻穿得死氣沉沉，我依然時不時就穿全黑演出服出門，就算沒演出也照穿。

　　穿上黑色的那種爽很難具體形容，不全然是覺得自己美所以爽，而是覺得自己「什麼都是」。黑色給我的第一個印象是優雅與榮耀，因為我從小就穿著黑色上台演出，後來漸漸也體認到黑色的骯髒與絕望，體會到那所謂陰影。光照不到之處就

形成陰影，陰影雖然看起來是黑色，但它其實什麼顏色也沒有，它只是陰影，它是沒有實體的幻象，卻無所不在。黑色誠實、無所迴避且包容，它是所有顏色最終的歸屬，也是一切的重生之處。

去巴黎之後，除了黑色，還多了個紅色也讓我很爽，自從某天下午在巴黎某個試穿間裡穿上第一件紅洋裝起，我就開始瘋狂試穿各種紅色的衣服，直到找到屬於我的紅色，是血一般暗沉的紅色，緊接著的是酒紅，再來才是正紅。

想想很神奇，紅色有那麼多種，但唯獨血一般的暗紅色可以幫我把內在權威展現得恰到好處，讓人信任我、尊重我，卻不會畏懼我，反正就是神奇，而且美。除了血一般暗沉的紅色、酒紅色、正紅色，我心情異常飛揚時，也可以駕馭珊瑚紅，但僅限於那個心理狀態，不飛揚就沒辦法。磚紅色，是想要扮演「潛伏於平凡日常中的女神」的好選擇。至於橘紅色則完全無法穿在我身上，粉紅色勉強可以。

小時候看灰姑娘的故事，對開頭與結尾都沒什麼感覺，但中間的變身橋段卻讓我深深著迷，超級羨慕灰姑娘有神仙教母

幫她變身。長大之後,我自己就是自己的神仙教母,走進更衣間就能變身;有時候也跟姊妹淘互當神仙教母,幫彼此變身。

裝扮的魔法就像卡通裡頭那樣,閃亮亮的金粉隨著曼妙韻律,落在允許自己美麗的人身上。這魔法比任何維他命或營養品都還有力量,能讓人精神飽滿、步伐輕盈想跳舞,讓原本討厭的壞人因此沒那麼壞,讓醜惡的東西也不再那麼惱人。

衣服、髮型、配件、妝容……彼此調配作用,迸發驚人的效果,超好玩的。比如我那件酒紅色的貼身針織短洋裝,長頭髮時穿它,就像一週三次跑國家音樂廳欣賞演奏會的貴婦,但搭配極短髮,竟然有點龐克感。同一件洋裝甚至同一個妝容,換個髮型穿竟然就換一種風格,紅色洋裝因此進入了她的平行時空,在這裡是一個紮著髮髻的優雅女士,在那裡是一個愛皺眉的叛逆少女,肯定還有其他時空等著被掀出來……。

裝扮能決定一個人看起來是正直或狡猾、甜美或豔麗,甚至常常擔任事件成敗的關鍵,但它的影響力往往被低估,因為大部分的人並不會察覺,或者說不願承認自己被裝扮迷惑與拐騙。而女孩很懂這種漏洞,在被輕蔑與忽略的縫隙中祕密奪回主權,呵呵。

　　穿對衣服，就像披上戰袍。演出服、禮服、洋裝、黑色、紅色……「有沒有哪件衣服，妳只要穿著它就覺得自己美斃了？」有，我有好幾件這樣的衣服。但這份清單一直在改變，我可能現在穿這件感覺很有力量，不久之後卻不這麼覺得了，沒辦法，我善變，衣服當然也得跟著我變。

　　最後，不管什麼款式什麼顏色，我只能穿裙子，無法穿褲子。妳呢？

少女力

　　幾年前在網路上看到一個女生參加《美國忍者戰士》體能極限挑戰電視節目，順利過關了。那時候邊看邊哭，她都還沒過關呢，我卻已經哭慘，如今再看還是一樣，不到兩個關卡我就激動落淚。

　　那是一個嬌小漂亮的女生，身高不到一百五十公分，體重大約四十五公斤，全身肌肉結實流暢，看上去很纖細。她出場沒多久，就把主持人、現場觀眾以及電視機前的人們，嚇得一會兒搥胸，一會兒抱頭尖叫。

　　繩索、滑桿、渡橋、聳立之牆……那些壯漢大叔呲牙咧嘴也難以突破的關卡，她是身輕如燕地過去，她當然有努力也有用力，但看起來就像長了翅膀的小精靈一樣輕鬆又優雅。

　　場邊有個長得像《超級名模生死鬥》評審尼祖・百克的帥男人，比其他人都激動，那是她男朋友。他們一起參賽，但男

友被淘汰了，此刻是她上場闖關，男友在一旁卯足勁加油。哎呀真開心，連看體能極限挑戰的節目都可以看到愛情故事，而且是這種男友全力支持女友的戲碼。

我落淚，是因為見她如此纖細、漂亮又強壯，越看越感動：少女就是這個時代最強大的生物啊。

舊時代的女強人必須孔武有力、必須魁梧、必須像個「大」人物，甚至可說像個「硬漢」：一個有胸、有陰道的硬漢。由於長期被迫屈服於男人，有太多的血汗無法釋懷，於是她們立誓，走男人走過的路徑，站上男人的位置，再將男人狠狠地比下去，才能嚐到勝利的滋味。她們認為，女人若擁有姣好的外在是便宜了主要觀看者，也就是男人，所以必須拒絕美麗、屏棄性感。此外，渴望談戀愛就是渴望被男人滿足、想依賴男人，所以她們也不屑談戀愛……舊時代的女人她們靠贏過男人來獲得成功。

然而現在不再是那樣了，少女沒有要比男人強，少女迷戀男人甚至迷戀任何人，包括自己。她們與怨恨男人的時代已有些距離，不再認為美麗的外貌必是為了男人而存在，少女們裝

扮大多是為了自娛或與其他女性爭豔，男人是否懂得欣賞已不再是最重要的。

少女喜歡戀愛，或者說喜歡戀愛的「感覺」，她們是自己愛情故事的編織者，即使只是沉浸在幻想裡也無所謂。就像野田妹在草皮上跳著暗戀千秋學長的舞，而巴黎鐵塔為她噴出卡通花朵、戰神公園瞬間變成可愛動物區；又像韓國歐巴的見面會，年輕的女粉絲千里迢迢而來，結果只看了一秒就心跳過快昏倒在地。

少女的眼睛一眨，世界瞬間被粉紅泡泡包圍，這就是創造天堂的能力，而且不必透過戰鬥。

我們好不容易從體力走向腦力，然後來到心力。**女人的強大，不再靠血淚與犧牲換取，也無須壓制與競爭，而在於「可愛」**。可愛將大家都含括進來，你我都被融化了。可愛的人不使用權威壓倒誰，卻把所有人電得服服貼貼，就像體能極限挑戰節目中那個嬌小女生，她甜美無害，卻打趴一票壯漢大叔，還讓這些壯漢大叔為她癡迷。

如今是少女當頭。天真無邪、可愛、嬌弱都不再被看做是

不成熟的過渡階段。並沒有要過渡到哪裡去，也沒有要成為強悍的大人物，而就是這個像小孩一般的階段，最純真卻最有力量。

　　女人即便退去鎧甲，依然那麼有力量，且那力量讓人生，不讓人死；召喚感動，不召喚戰爭。我盯著螢幕上少女般的挑戰者，越過重重關卡，叫人嘖嘖稱奇。老天真的給予女人好多。我又落淚了。

遮「羞」

　　很多人覺得女生上廁所好麻煩，為什麼麻煩？其實答案很簡單，想像一下女生上廁所的景象，要認真想，畫面越真實越好，如果你想著想著，開始覺得有點難為情，無法直視腦海中女生尿尿的畫面，忍不住想逃避或抗拒……那麼請好好體驗這個感覺，就是這個感覺讓全球女性「上廁所受限」，也讓全球女生上廁所好像比較麻煩。

　　可能有人透過剛剛的想像就已經秒懂問題核心，但我仍忍不住想解釋一番。先從上廁所的姿勢來看，女生尿尿並沒有麻煩到哪裡去，蹲下去就可以尿了有什麼難的？如果是穿裙子更方便，連拉拉鏈的時間都省去，到底是哪裡比男生麻煩？

　　麻煩在於女生上廁所必須「遮羞」啊！遮羞！

　　這樣的麻煩來自於一個概念：女生用來上廁所的器官是除了丈夫以外，連自己都不可以跟她「太熟」的部位，所以女生

尿尿一定要躲起來，所以女廁一定要隔間。男生上廁所被隔壁的看到，是稀鬆平常、合理、完全不可恥之事，但女生尿尿露出陰部，就算只是被一起來上廁所的女性路人甲看見，也是相當沒有羞恥心的放蕩行為。最完美的女生應該要連自己都沒看過陰部長什麼樣子，女生的天職是保持陰部的聖潔不可侵犯，沒有做好這一點會被魔鬼抓去，會嫁不出去。

就是因為這樣，女廁必須隔間，所以同時間的使用人數一定比男廁少。一樣的面積，男廁可以塞十個小便斗，女廁大概只能容納六七個隔間，所以女廁的翻桌率，喔不，是翻桶率當然比較低，就容易大排長龍。妙的是，大部分的女廁都是男生設計的，非常難用。有些隔間窄到尿個尿鼻頭頂前壁、屁股頂後壁，也太辛苦。

夏天衣服輕薄就算了，冬天衣服厚重，裹著大衣脫裙子，裙子脫完脫褲襪，好不容易脫掉了卻發現廁所窄到蹲不下去，這種廁所就是在整女人無誤，此刻當下若發現牆上沒掛鉤讓人掛包包，出了廁所第一件事絕對是投訴。不能怪男設計師壞心，畢竟他沒有陰部，也沒有對陰部的羞恥枷鎖，無法設計出符合女性需求的廁所，不是他的錯。總之，不貼心的設計加上少少

的隔間，就是女生上廁所比較麻煩的困境。

　　另外，還有個深層隱晦的原因讓女生上廁所又慢又麻煩，就是「怕髒」。很多女生進廁所總是躡手躡腳，超怕沾到屎尿，有些女生甚至自備酒精整間擦過一輪才敢上廁所！相較於男生，女生對污物的接受度更低，為什麼會這樣呢？有興趣的人可參考《豪爽女人》中〈小不便──性壓抑的日常運作〉：

　　「女人很早就學會了有關小便的一些觀念。其中最重要的，不是（男人透過小便所學到的）力量和競爭，而是羞恥和不潔。

　　「小便是個極為普通的生理活動，但是這個生理活動在女人的生理條件下必須暴露她們時時遮蔽的身體部位，需要接觸到平日被警告是可恥汙穢的身體器官，因此，一件稀鬆平常的例行活動就在這個時刻變成引起女人高度關切的情緒性事件。

　　「除了對小便感到羞恥之外，我們教養女人的方式也使得她們厭惡這個十分自然的生理活動，在日常生活中以潔癖的方式表現。

　　「女人怕髒、怕濕、怕黑、怕沒廁所可用、怕人偷看，她日常的大量精力投注在各式各樣的憂懼焦慮上，她為自己的行動舉止設限，在這樣的狀況中成長的女人當然會顯出脆弱退縮

的特質來，這是我們社會文化養成的心理模式，不是什麼『女人天生如此』。」

　　綜合以上，大家可以發現「女生上廁所比較麻煩」背後的原因至少百分之九十五是外在環境（文化）所造成。如《豪爽女人》書中所述，女生尿個尿還得穿越一堆內外阻礙，在漫漫人生大約兩億次的尿尿活動中，至少有一億次會感到生為女體的挫敗，但這明明不是女性的錯。

　　「當女生好麻煩噢，如果可以選，我才不想當女生。」「女人真命苦。」什麼跟什麼，每次聽到這樣的自憐與哀歎，我都很想大叫：「我不准女生這樣想！不准！」我們怎能把這樣的挫敗歸咎給陰道，或者說整組性器，她（們）是無辜的。大環境扣了莫須有罪名給陰道，說陰道恥恥羞羞又髒髒，但我們，也就是陰道的擁有者，可以選擇不接受這罪名。陰道麻煩是你在講，不是我在講，我跟我的陰道愛在一起，大環境不應該讓女人為自己的性別背負罪惡感。

　　除了改變罪惡的心理狀態，女生上廁所的麻煩，其實是有解決之道的。現在新建築規定男廁女廁數量比是一比五，遇到不符比例的建築請投訴不必客氣。投訴、投書、參加捍衛女性

權益的遊行、自己成為設計師……這些都是改善廁所方便性的管道，但問題根源終究在於妳怎麼看待妳下面「那一整組」：子宮、卵巢、輸卵管、陰道、陰唇、陰蒂……妳跟她們熟嗎？要好嗎？是常常覺得擁有她們真好，還是一天到晚嫌棄她們？

　　如果妳驚覺到自己長期以來都胳臂向外彎，對她們很壞，沒關係，回頭是岸，好好跟她們重新連結、打好關係，把她愛回來，永遠選擇跟她站在同一陣線。以後再有人騙妳說女性的生殖器官又羞又恥又髒，妳，已不會輕易上當。

補充：很多人提到「女生也站著尿」的概念，站著尿尿作為嘗鮮沒什麼不可，但背後意圖若是出於「男生可以，女生也可以」的話，何不也邀請男生體驗蹲下來尿尿？蹲下來可以更準確尿進洞，有效減低噴灑外露的機會，不也挺好？

約砲好不好

如果問我，會覺得約砲很髒、很敗德嗎？當然不會。

但如果問我，贊不贊成約砲、鼓不鼓勵約砲？很難回答。

因為單純從體驗性的角度來看，約砲沒有什麼不可，但現實複雜多了，尤其是牽扯到人性，若只用簡單的套路去取得答案然後照做，很容易挫敗重重、傷痕累累。

有人把約炮視為一種身體主張，藉此主張我想怎麼對待我的身體、跟誰做愛是我的選擇，而且體驗性不需要感到羞恥，這樣是完全沒問題的，本來就是如此。但實際上，在此刻當下的社會，約炮沒辦法這麼簡單。

我們的社會性壓抑，所以很多人的性與黑暗面是連結在一起的，黑暗面只在做愛的時候顯露出來。因此有時候你跟一個人做愛，等於是跟他最黑暗的部分交流，如果那黑暗超出你的承受範圍，約砲就不只是見面打砲而已了，是賭命。但如果你

心力夠，那黑暗動不了你，且你還能轉化它，那麼你的性就是一份了不起的貢獻與療癒。有這等能力卻只約砲不收費，絕對算是慈善家。

　　我想起《特別服務》（法文：Sans Queue Ni Tête）這部電影，女主角是一位高級妓女，由法國女星伊莎貝雨蓓飾演。導演同時也是編劇，她重疊了妓女與醫生這兩個看似天差地別，其實相去不遠的身分，在影片中對性與療癒有不少細膩的呈現。

　　不只《特別服務》，很多電影都可以看出性如何揭露一個人的本質，並不是說性本身有多隱晦與邪惡，而是人把性看作是多麼不可見光之事，以至於性跟很多同樣見不了光的祕密長期共處一室。動物的性就沒有這一層面向，牠們對自己沒有批判，沒有什麼需要隱藏，動物的黑暗是開放的，性也是開放的，牠們不會因為長期隱忍憤怒，就在交配的時候凌虐對方。

　　說回約砲。每當有人約砲或者從事性交易遇上不幸，其他人總會第一時間歸罪於那「不受社會規範的性」，他們會說：「做愛本來就只能跟伴侶（或相愛的人）做，你這樣到處亂搞，看吧，出事了吧。」

把約砲與性交易當中的不幸一律視作悖德的天譴（報應），這樣的報應論，好像在告訴我們，若能夠遵守道德規範，把性限縮在被社會認可的親密關係中，就很安全。但其實更多更悖德的性暴力是在所謂正常親密關係裡發生，只不過沒被看見罷了，親密關係裡的性一點都沒比約砲的性安全到哪裡去，性在現下社會中就是人性地下室，不管在正常或不正常的關係裡，想去某人的地下室一探究竟，就是得賭一把。其實會使人受傷的，從來就不是性，而是那長期以來不被接納、見不了光、潛藏在人性暗流裡的毒蛇猛獸，而我們越是歸罪於性，就越是創造空間讓這些毒蛇猛獸得以窩藏。

約砲本身沒有問題，但人性有問題，很多事都是這樣的。神愛世人沒有問題，但是人自己很有問題。《慾望城市》裡的莎曼珊，破處以來就約砲到老，也沒真的遇到什麼毒蛇猛獸，但有些人砲一次就重傷。我們可以說這是運氣好壞的差別，也可以說這就是約砲的風險，但那所謂運氣與風險，其實就是我們潛意識的創造。有金錢課題的人投資會破產，但他不投資其實還是會破產；若我們潛藏著對性的負面投射，那麼即便中規中矩交一個男朋友或女朋友，還是會在性裡面受折磨。外在劫

難總是如實反映我們內在的不接納，受害療傷之後，我們才會學著從劫難裡去看見我們到底抗拒什麼。

　　真心祝福每一個想要透過約砲體驗性、切磋性技巧、開發感官的人，都能在過程中得到你想要的，不論那是什麼。至於到底贊不贊成約砲、鼓不鼓勵約砲？我覺得，想清楚、願意承擔，就去吧。

自己進入自己

　　常有少女跟我分享祕密，關於穿搭啦、友誼啦、講伴侶壞話、面試或工作幹的糗事，或是自慰被抓包⋯⋯。

　　不知道為什麼，講到自慰被抓包，抓包的人總是媽媽，可見媽媽真的很愛突然闖進女兒的房間，而女兒也很厲害，總會那麼剛好忘記鎖門。被抓包的下場往往不是一頓罵就是一頓打，但被處罰的女兒們全都不是省油的燈，沒有一個就此停手，只有越做越順手。

　　越壓抑越需要解放，真理無誤，但用什麼心情來解放呢？懷抱著罪惡感？還是聳聳肩覺得管它的呢？一般來說，媽媽是我們生命中如此重要的人，被媽媽罵而心生愧疚是再正常不過的反應，於是大部分自慰被抓包的女兒，此後每次自慰都會覺得自己很糟糕、很骯髒，但又不想捨棄自慰的快感，就這樣反覆糾結，將性與罪惡感扣上連結，並在裡頭浮沉。

其實並非所有自慰被抓包的女兒都走上罪惡感之路，我遇過幾位神奇少女，就創造出不一樣的故事。比如某奇葩，小時候自慰被媽媽抓包時，媽媽一邊狠狠揍她一邊逼問：「妳是跟誰學的？」當時被媽媽這麼一問，她不禁困惑了起來：自慰為什麼要學？她說多年來每次想起這件事，都不由得感到同情。「媽媽竟然會認為自慰是需要跟別人學的，想到她可能一輩子都沒享受過情慾，就覺得好可憐。」

「但卻偏偏是這些沒享受過情慾的女人，喜歡剝奪自己女兒的情慾自主。」奇葩補了這句。我不禁為她拍手叫好，太開悟了！她不僅沒有被媽媽的打罵蒙蔽、沒有隨媽媽起舞而厭惡自己，還慈悲心大發，同情媽媽的恐懼與匱乏。這可不是樂觀而已，內含超高智慧，能擁有如此清明的心，絕對上輩子、這輩子都積很多善業。

但平凡如你我而非奇葩，多少對性都有些罪惡感，而這個罪惡感到底是怎麼來的？其實比妳想得更平常，比如說，在我們還很小的時候，穿裙子坐沒坐相，大人們一個鄙視的眼神拋過來，種子就種下了。功課沒寫好、考試考差、打破杯子……這些錯誤跟穿裙子腿開開被瞪完全是兩回事。穿裙子腿開被瞪

是全然莫名其妙的，大人們自己也說不清這動作哪裡錯了，卻對此擺出極盡尷尬的神情，那種尷尬是在別的事情上不會出現的尷尬，十分詭異。而被瞪的我們，好像不小心做了敗盡家榮的事，錯愕、困惑又無助，只知道裙子裡的東西等於羞恥，不能見光、不能露出。

小小的種子日後會長成什麼樣子，取決於親近的人用什麼來灌溉它，以及我們自己怎麼照料它。最終，種子可能長成惡劣卻穩固的大樹，讓我們一輩子厭惡自己，也厭惡性；或者中途夭折，我們便得以用同一片土地孕育出其他果實。

成長時期對性的罪惡感使得很多女生就算已經有性經驗，仍無法自慰。就是內心有一條淫蕩之河渡不過去，覺得做愛是一種必然的、不可避免的、為了顧全大局的壯舉，但自己把手伸進去則屬於不折不扣的淫蕩私慾，萬萬不可。怎麼能讓自己這麼舒暢呢？神一定會懲罰我、我將被貼上不潔的標籤、我人生污點多一項、我壞掉了……各種顧慮、各種抗拒。

這是個離奇的誤會，真心建議大家直接用行動來解開謎團，今天洗澡就把手伸進去，看看會遭到什麼天譴。如果真的遭天譴，可以試著誠摯地跟神說，我真的很想要探索自己的身體，

請神愛我、寬恕我。接著休息幾天，等心情平靜一點再把手伸進去。若還是有所恐懼，就繼續跟神溝通，再次告訴神「我真的很想體驗這種喜悅」。多試幾次，別害怕，神愛世人，我們就是世人，小小心願既無傷天害理又沒殺人放火，不過求個自娛，絕對值得被寬恕和應允。

小時候，我們會因為各種事情被大人判了羞羞臉、無恥，至此幾十年來對性都無法自在。現在長大了，已有能力重新選擇，那麼做出更舒服的選擇吧。爽就勇敢地爽，無感就誠實地無感，興致來了便自己進入自己，藉此體驗全新人生，高潮連連又不會懷孕，還有什麼比這更暢快？

另外，做愛歸做愛，自慰歸自慰，是兩碼子事。做愛比自慰複雜，尤其在親密關係中，性很多時候是一種索取跟交換，且對象不同引發的情緒就不同，原本是一場性的感官饗宴，最後卻變成兩造檢討大會。自慰則單純多了，獨角戲愛怎麼演就怎麼演，趁這個機會去體驗自己對性、對身體最真實的感受。不論對象是別人還是自己，性都是很深層的體驗，它需要真實作為基礎。**真實是超越對錯的，只要我們敢真實，心中那位罪惡感暴君，將會逐漸失去左右我們的力量。**

　　不過是自慰罷了，別花心力愧疚。媽媽跟神若知道我們有能力讓自己快樂，會為我們拍拍手，因為快樂的子女才能榮耀父母、榮耀神。此刻當下就勇敢承諾：自己的感官自己取悅！快去佈置一個神祕柔軟的聖壇，帶著妳的身體還有妳的慾望，一同前往流奶與蜜之地吧。

保鮮期

　　關於生產，常有人說女人的身體是有保鮮期的，不趕快趁年輕生一生，年紀大了會不好生，生完身材也不容易回來……而那保鮮期，通常指的是三十歲之前。

　　保鮮期的概念本身不惹人厭，它只是在表達人總有衰老的一天，但拿這個概念來催促女人生產就很惹人厭，好像全天下女人的子宮都該要充公、要以國家興亡為己任、都歸你管似的。沒錯，女人如果都不生育，人類確實會滅亡，所以要不要考慮對女人恭敬一點？女人快樂、健康有活力，就容易受孕且更甘願生，生了也比較有心力養。想提高生育率，要不要考慮先提高女人幸福指數？想管子宮，好歹也用這種方法才像話吧。

　　再者，保鮮期雖是個概念，卻是謎一般的概念。畢竟每個國家、每個人衰老的速度都不一樣，要怎麼說幾歲就過了保鮮期？六十幾歲順利自然產的產婦，保鮮期顯然頗長，二十五歲

就焦慮青春漸逝也大有人在。

　　若我們跟自己的身體沒什麼連結，就會輕易跟隨別人的說法。聽人講女人三十歲後會不好生、會醜、皮膚會老化、胸部會開始下垂……聽多了會怕，怕久了就信，信了就如實創造了。

　　我三十五歲時生第一胎，在台灣算高齡產婦，生產很順利，生完兩個多月身材恢復得跟生產前差不多。我沒運動也沒有綁束腹帶，我只是不把自己當成過期的人，加上一直以來都覺得自己到死都是少女而已。

　　有人聽了我的生產經驗，覺得「那是妳運氣好」，然後不相信自己也能受幸運之神的眷顧。可是很奇怪，不相信自己運氣好的人，大多都很相信自己運氣差，同樣都是相信，卻寧可放惡運的籃子裡。幹嘛這樣，要不要轉個念？聽到別人的生產經過有多麼悲慘壯烈時，能不能也像聽到別人的美好那樣，立刻告訴自己：那是你的故事，不是我的故事。

　　「那是你的故事，不是我的故事。」這句話多麼好用，我們卻常常用錯地方。不只保鮮期，很多時候我們面對的明明是不曾體驗過的事，卻沒給自己保留空間，而是老早收下別人的說法，且深信不疑。

　　總之，保不保鮮的說法我是完全不信的，我比較相信身體會如實顯化我的信念。所以當我想生育的時候，身體自會備好，相反地，若我很想生育，身體卻一直沒有到位，我會去看內在發生了什麼事，我有哪些恐懼還沒有處理，導致身體有所抗拒。

　　我的愛書《疾病的希望》裡面提到：身體是意識的表現。

　　「活人身體中發生的每一件事，都是表現與其對應的訊息模式，或說是對應影像的凝聚。脈搏和心臟遵循特殊的律動，體溫保持在固定的範圍，腺體分泌荷爾蒙，或是抗體的產生，這些功能都無法單靠物質名稱來解釋，每一種功能都依賴對應的訊息，而訊息的來源就是意識。」

　　「如果一個人的意識陷入不平衡的狀態，就會透過身體症狀的形式成為可見的實體。」

　　身體真的是我們意識所創造，所以千萬別小看意識的力量，你當自己什麼，你就是什麼，每個人都是她或他認定自己所配得的模樣。

親愛的身體

　　記得高中的時候，喜歡的學長用摩托車載我，我在後座小鹿亂撞、心花怒放，每每遇上紅燈都會拉裙襬故作嬌羞，期待學長轉頭跟我說話。就在某次紅燈時，停在我們旁邊的汽車，駕駛與副駕駛一對男女，直接指著我的腿拍手大笑，說：「腿好粗！那麼肥還敢穿裙子！」當下天崩地裂，嚇死人了，我瞬間氣勢全失，只想回家自己哭，邊哭邊叼根隱形的菸（根本不會抽）。其實我被笑腿粗也不是第一次，大概是第三百八十七次，我常被笑腿粗，可是那次特別受傷。

　　過去，我看待身體只有一個焦點，就是好不好看，且別人覺得好不好看，勝過我自己覺得好不好看。「大腿這麼胖，穿貼身褲會被笑，還是穿寬鬆一點吧。」「要跟喜歡的人見面，竟然長痘痘，煩。」「早知道昨天晚餐不要吃那麼多，現在小腹超大。」……很多很多的嫌棄跟焦慮，我站在鏡子前總是先

看不滿意的部位，接著開始盤算如何擺脫它。有時候能成功擺脫，有時候不能，但無論擺脫了多少，下次照鏡子仍會馬上搜尋不滿意的地方，且永遠有新收穫。

　　這樣對待身體其實很粗暴。就好像你每次看到一個人都說他醜、說他不夠好，不論他改善了多少，你永遠都有得嫌。這麼壞的模式，通常已經運作十幾二十年了。除非來一場大病，否則我們很少真心向身體懺悔我們對他的虐待；也有的時候，就算病到鬼門關前走一遭，我們還是不知道要懺悔。

　　粗暴歸粗暴，我猜大部分的人都跟我差不多吧？總是聚焦在皮肉觀感，而且沒什麼正念。應該很少人在照鏡子的時候會想著：「我的幽門好健康喔真棒！」或者「括約肌的狀況不知如何，希望他今天一切順利。」

　　在不斷被嘲笑與自我嫌棄腿粗的輪迴中，我許下一個願景：跟身體建立良好的關係。我覺得一定是因為我沒有愛我的腿，所以腿才會這麼胖、這麼不好看，我想要好好跟我的腿相處，好好跟腿建立關係。

　　那之後大約過了十年，我遇上此生身體最擴張的挑戰：懷孕、生產、哺乳、育兒。

　　這串歷程真不是蓋的。從驗孕棒出現兩條線開始，一路到此刻都驚奇不斷。我的身體竟然可以孕育出一個人來，而且還是從一個拳頭大小的子宮生出來的！過去只是用腦袋理解妊娠這件事，但當我用自己的身體去經驗它，才真正感受到那份不可思議：有個人在我的的肚子裡游來游去、翻滾、打嗝，而且會踹我！

　　懷孕期間，不僅子宮內很忙，子宮外的器官也沒閒著。胎兒佔去這麼大空間，其他胃啊、腸啊、肺啊什麼的，通通都被擠下床。五臟六腑各自在新的位置，用新的方式運作，搞得我也像是一個全新的人，經驗著從未經驗過的生活：有新的站姿、新的坐姿、新的走路方式、新的睡眠模式，當然也有新的衣服，喔耶。

　　生產跟懷孕不相上下，也是個大工程，但我打完無痛分娩之後就失去痛覺了，生產當下悠悠哉哉只顧著跟醫生聊天，所以生產到底是怎麼一回事我實在不好說，只知道女兒生出來的瞬間我的肚子有稍微消下去，「稍微」而已喔。當時平躺望向凸起的腹部，感到非常訝異，竟然跟懷孕五個月的尺寸差不多。

經護理師解釋，子宮要縮回拳頭大小需要六到八週。我還以為生完小孩的子宮會像漏氣的氣球那樣瞬間到位呢，好無知喔。六到八週，對於急著想塞進美美洋裝的我來說有點久，但對於花了四十週擴大二十倍的子宮來說，其實很快了，我們要尊重子宮為自己安排的進度。

產後的恢復、哺餵，以及為了帶小孩而不知從哪長出來的神奇體力⋯⋯這一連串，集生命奧祕之大成，全透過我的身體演繹完全了，能不起敬畏之心嗎？不能。原來人的身體可以做到這樣偉大的事，也就是生出另一個人，並用自身所產的乳汁餵養他。

從此以後我看人的眼光都不一樣了，走在路上，我想的是：這個人曾經是嬰兒，那個人也曾經是嬰兒，可憎的傢伙曾經是嬰兒，可愛的傢伙也曾經是嬰兒⋯⋯世界上每一個人類，我眼睛看見的、腦子想到的、書上記載的、心裡掛念的所有人，每一個每一個，都是從一顆卵開始，在子宮裡長成一個人，然後出生。這絕對是宇宙間最高等級的無中生有，終極奇蹟啊。

生完小孩之後，我對我的身體十分恭敬！沒想到十年前的

願景：跟身體建立良好的關係，在十年後是透過生育來達成。好吧，其實不算達成，因為我仍有跟身體關係不好的時候，但此刻我比以前更尊重身體，也更信任身體，我總算看見了身體的豐功偉業，對身體存有一份感激。

現在，就算有人直接來我面前，指著我的鼻子說：「腿這麼粗還敢穿裙子出門，真是不要臉的肥女。」我八成只會覺得他見識淺薄，完全不計較，笑笑就過。說不定還會佛性一發，唸幾句經文渡渡他的口業。「我懂你的狂妄與無知，但你不懂我的厲害，我祝福你開悟。」如今腿粗於我宛若浮雲。

接納了自己，就會很有力量面對別人的批判，那種感覺像是有了根。

接納，不僅讓自己擁有力量，對待別人也多了一份寬厚。以前在別人身上看到跟自己相近的體型，會覺得好可惜或好可憐。現在想起來，只覺得自己很好笑，這麼悲天憫人怎麼不去多捐錢，在街邊哀歎路人的身材幹嘛。而現在我看到跟自己體型相近的人，會覺得滿美、滿可愛的，沒什麼不順眼。

為了腿而許下的願景，結果腿沒變細多少，心倒是成長了

不少。而「跟身體建立良好的關係」的想望，比起「腿變細」讓我得到更多。其實世界上誰最支持我們？總是無條件為我們付出呢？就是身體，**身體是我們第一個夥伴，沒有身體，我們無法做任何事。**

　　所以我現在時不時就對自己的身體懷抱著敬畏與感恩之情。親愛的身體，謝謝妳給我無條件的支持，我承諾對妳好、信任妳、尊重妳，讓我們繼續愛在一起吧，今後也請多多指教！

66
　　尊重、信任，然後接納自己的樣子，妳和身體的關係就會很美好。
99

奶頭開悟

不久前解放奶頭運動非常轟動，**許多人主張奶頭並不色情，請大家不要用異樣眼光看待奶頭；但我覺得我的奶頭就是色情，我想要用奶頭色誘老公或者其他人。**所以只要看到這類主張，我心裡都會默默祈禱去性化的奶頭千萬不要成為主流，倘若奶頭不再是情慾符號，而是百分百健康的、神聖的哺乳器具，光想就覺得好消火。

懷孕後期，我參加一場母乳哺育媽媽教室，大螢幕秀出一張一張嬰兒吸奶的照片，我表面鎮定，內心卻很驚慌。「我的奶頭只想給老公吸，不想給嬰兒吸！」整個課堂腦子裡都在跑這句話，雖說懷胎十月的人有此念頭實在很沒母愛，但我當時真的那樣想。

怎料女兒出生二十四小時之內，我就臣服了「奶頭要給嬰兒吸」這件事。哇哈哈，我餵奶餵得非常爽，邊餵心中邊讚歎

著世上怎有如此甜美之事，女兒喝奶的模樣可愛極了，完全融化我心。才不過一兩個月，女兒吸我奶的次數已遠遠超越她爸。

哺乳雖甜美，卻也很磨人。我可憐的雙邊奶頭每日工作時數超過二十小時，除了餵女兒，還得餵擠奶器。哺餵母乳可不是沒人吃就沒事，乳腺一旦通了，它愛噴就噴，母奶滴滴珍貴啊，擠一擠留起來，半夜可以讓老公去餵，多好。擠奶器的幫浦一鬆一緊發出噗嘰噗嘰的聲音，我感到好不可思議，不久前還抗拒奶頭要被嬰兒吸，如今卻成了徹頭徹尾的奶牛了，喔不，不是奶牛，是奶人、奶女、奶少女。

奶人的日常只有一件事：循環供奶。嬰兒的食量在頭兩個月是以噴射機速度成長，今天喝五十毫升，三天後就是八十毫升，接著很快地，一百、一百二十、一百五十、一百八十，就這樣一路狂飆。小孩催這麼急，媽媽來得及產奶嗎？我後來才知道，傳說中母子連心、母女連心是真的，媽媽與小孩之間有著非常神祕的配合機制，比如奶量。小孩的奶量只要一增加，媽媽泌奶系統便會自動升級，彷彿約好似的，小孩要吃多少，媽媽就產多少，一搭一唱，天衣無縫。

每天起床第一件事情是餵奶，睡前最後一件事情是擠奶。

餵奶是這樣的：擠得越勤奶越多，奶越多就越要擠，否則奶腺塞住會生病。我的奶讓我深刻體會到「源源不絕」這個成語的真諦。但奶源源不絕，愛好像沒有源源不絕，儘管餵女兒喝奶很甜蜜，卻還是會想罷工。

我生活全都被奶灌滿：喝這個發奶、吃那個發奶，女兒要奶，老公也要奶，到後來真的會厭煩，有種活著的每一秒都要被索取的感覺。偶爾會很想大喊：「通通不要吵，我的奶今天罷工，誰都不餵！」趕走老公很合理，但女兒靠我的奶過活啊，怎麼捨得讓她挨餓？哎呀，想想也就這陣子而已。「好啦，讓妳吸讓妳吸。」撫著女兒肥嫩的嘴邊肉和雙下巴，看著笑著就妥協了。

百分之八十甘願，百分之十七厭煩，餵母奶的日子就這樣過去。我餵了大概四個多月，後來漸漸恢復工作，不方便追奶，奶便自動退了。有些人覺得身為母親，只要小孩肯喝，就應該拚了命餵下去，否則太自私了。我沒那樣想。餵多餵少是個人本事，像我，稍微鬆懈奶就退了，那就是身體的選擇嘛，我不打算為此自我鞭打，也不會拿這件事鞭打別人。每個媽媽都有自己給愛的方式，全力以赴餵下去真的很厲害，但餵不下去的

媽媽自有其他厲害之處，**只要是心甘情願的選擇，都很有愛，別犧牲就好，犧牲才是真自私。**

　　透過奶體會這麼多，實在始料未及。以前看待奶的眼光很單一，我在乎的只是好不好看而已。如今多了許多層次，我的奶不僅美麗誘人也很神聖，奶的角色已充分被擴張，只傾向某一邊對我來說已經太簡單，甚至無趣。

　　見識過奶的哺育威力之後，我終於知道為什麼大家都說「大地之母」而不是大地之父，為大地下這個母儀天下封號的人，實在太有洞見。女人的子宮可以孕育出一個人，已是不得了的奇蹟，不僅如此，還能憑兩粒奶餵飽這麼多人。若以敬畏之心體會其中的偉大，而不是用受害心態覺得女人真命苦，便會透徹明白，這真的是男人畢生都追不到車尾燈的美妙境界。

橘皮，干你什麼事？

所有女人的裸照當中，我印象最深刻的是西蒙波娃的裸照，因為她大腿後側有肥厚的橘皮。黑白相片中的她只穿了一雙高跟鞋（目測是羊皮），全身光溜溜地對著梳妝鏡綰髮，左腳抵住浴缸，呈三七步，一副很有氣勢的樣子，顯然她自我感覺是女神，根本沒在甩橘皮，至少那個當下是。比她的大作《第二性》，這張照片讓我更崇拜她，很想達到她那個等級的自在，但心裡明白自己還差很遠。

說到橘皮，我已經忘了是什麼時候發現自己有橘皮的了，可能是國中，或者更早，但時間點不重要，重要的是我的感覺。第一次看到自己腿上的橘皮時，只覺得好奇有趣，不覺得醜，就好像孩子不會覺得自己的胎記（現在叫蒙古斑）有什麼問題，但如果胎記久久沒退，媽媽或爸爸對此感到焦慮，擔心這擔心那，孩子便會開始覺得那塊東西是個缺陷，好像沒有它，自己

將更棒、更值得被愛。

　　我的狀況也差不多，但焦慮與嫌棄不是來自於我爸媽，是來自於同儕跟媒體。第一次偷聽到身邊的人說橘皮有多噁多醜，當下五雷轟頂：「什麼？原來這東西是令人厭惡的！」頓時慶幸自己在聽到這番嫌棄之前，沒有三不五時就把橘皮露出來，否則不就成了別人口中又醜又噁的橘皮人？好險哪，苟且偷生的勝利感讓我頗為得意，同時又感到羞愧。

　　後來陸陸續續在媒體中也感受到人們那份理所當然必須除掉橘皮的篤定，便更加確定橘皮是個錯誤的存在，只要能除掉它或至少遮掉它，我就能成為更棒的人。這種心情應該是全天下青春期少女少男的共同經歷吧？那時期正在自我摸索，對自己的價值沒把握，不確定能被認同到什麼程度，所以超在乎別人的評價。就橘皮這件事來說，我的青春期持續了至少二十年，我三十幾歲的時候，跟十幾歲一樣還在害怕露出自己的橘皮。二十年來我相信著全世界的人都會恥笑我有橘皮，全世界的人都覺得橘皮組織是一種見不得人、丟臉又醜斃了的東西。

　　到底是哪來的自信覺得別人會這麼在乎我的橘皮啊？想想真是好笑。人有一種幻覺，就是自己看不順眼自己某一點，便以為全世界的人也都討厭這一點，嚴重的話還會覺得全世界的

人整天閒閒沒事都在關心我哪裡不好。

　　幻覺就要用幻覺治，這時候愛情的盲目就派上用場了。我成年後第一次穿短褲出門，是因為當時的男友很認真地告訴我，我的腿一點都不粗、橘皮一點都不明顯、穿短褲一點都不顯胖。他是真心這樣覺得，且非常樂意跟穿短褲的我走在一塊兒。衝著這一點，我姑且相信大腿橘皮沒有我以為的那麼丟臉，便鼓起莫大的勇氣穿短褲跟他出門去逛街。回頭看當天穿短褲的照片，腿粗斃了且橘皮根本超明顯，我懊悔不已，決定無論如何都不會有下次，但男友稍微灌點迷湯，我又會再穿。

　　三不五時在懊悔與盲目之間來回擺盪，看起來很蠢，但實際還是有所收穫的，至少我從中發現了一件大事，就是「全世界的人」並沒有這麼在乎我的橘皮。我穿短褲出門一趟，了不起引起五個人的關注，第一個是我自己，第二或第三個人是剛剛瞄了我大腿一眼就開始耳語的路人甲跟乙，但其實我不知道他們講了什麼，第四個是想像中的路人丙，第五個人還是想像中的路人丁，差不多就這樣，真的了不起五個人。

　　這個偉大的發現讓我清醒許多，我之前一定是被下了什麼

蠱（是我自己蠱惑自己吧），才會如此糾結。對我的橘皮不滿的人，比想像中少很多，甚至根本沒幾個，而就算別人真有什麼不滿，我也大可以將之當成狗吠火車。但事實是，從頭到尾吠最兇的是我腦子裡那個囉嗦了二十年的聲音，不是別人。

在巴黎留學那段日子，更是療癒我橘皮心病的一段時期。巴黎人總是氣勢凌人，那種「我才不管你怎麼想（去死吧）」的態度，常讓我忍不住詛咒他們亡國，但習慣了之後，卻成功地將那目中無人的態度挪用至我對自己的鼓舞。

「我才懶得管你怎麼想咧。」本來就是這樣，我身體什麼模樣干別人屁事。這句話不光說來壯膽而已，我後來是發自內心真的認為「我身體什麼模樣干你屁事」，全然的、自在的、不會為此壓迫自己跟別人的。

但奇妙的是，因為厭倦了社會長期以來要求女人瘦（還要無橘皮）、白，不少人開始反撲，支持擁有相反形象的女人。什麼形象都有人支持，是滿不錯的一件事，但在支持相反形象的同時，卻有人會回頭來攻擊瘦、白。不是說要支持多元形象嗎？瘦白之美穩坐主流寶座雖讓人厭倦，但回過頭討伐她們、

將她們扯下，這行為很不多元啊。

以前聽到的大多是對胖醜女人的賤斥，這很惡劣沒錯，但如今看到帶女性主義形象的女明星因為代言美白產品或擁戴時尚而被大肆攻擊，不禁心頭一縮，賤斥胖醜與限縮瘦白，背後其實是一樣的惡劣，都在評斷別人的身體。**到底我們憑什麼覺得自己能以正義之名評論別人的身體呢？**

前陣子請好友為我拍攝第二胎的孕寫真。拍攝當下我差不多六十公斤，大腿粗壯，外加水腫和雙下巴。我看著電腦螢幕中自己的大腿橘皮暴走，轉頭對攝影師大叫：「妳看我的橘皮！」「我會幫你修掉啦。」攝影師雖然這樣回，但應該心裡有數我只是嚷嚷，我對此挺自在，內心已有種包山包海的寬闊感。後來公佈孕寫真在粉絲專頁時，我直接上傳了毛片，沒修。

有人以為我公佈沒修圖的照片，是在呼應某種崇尚自然的女性運動，喔不，誤會大了，完全沒這回事，我純粹只是懶得費心而已。攝影師那麼忙，要盧到她修圖肯定是個大工程，而且想想算了，橘皮有啥了不起，照片傳一傳先接受讚美還比較爽。

　　回到西蒙波娃，某天我洗完澡，趁著身體熱呼呼、毛細孔大開時，幫自己精油按摩。按著按著，突然想起西蒙波娃那張裸照，發現自己跟照片中的女神不再相差那麼遠了，有點高興呢。

　　現在的我，對於橘皮有時一點兒都不在乎，有時候又很受不了，反反覆覆。但管他的呢，人的想法本來就變來變去，這個不穩定的狀態反而是我現階段最自在的狀態。我可能這禮拜還滿喜歡自己的肉，下禮拜卻買了減肥消橘皮的保養品，我在兩頭擺盪，沒人看得懂我想幹嘛。但**無所謂，我的身體什麼模樣，不干別人屁事。**

親愛的女生，愛是一場現形記，
呵呵，
不論妳愛的是誰，都將讓妳看見自己。

Part 3
迷 人 的 照 妖 鏡

攝影／張瑄旂

照妖鏡

　　我總覺得談戀愛要有必死的決心，因為愛上了，關係建立了，兩個人（或更多？）就無所遁形了。

　　建立親密關係就像是從此以後在鼻頭前方掛一面鏡子，不想看也會看到，狀況好的時候覺得：天啊我怎會如此可愛動人如此美；狀況差的時候則是各種自我厭惡湧現：這誰啊，怎麼把自己活成這副德性？

　　生小孩更要有死了再死的決心，小孩就是卵子精子兩方主人的潛意識結晶，進階版的照妖鏡，不是掛在鼻頭而已了，而是全身鏡、360 度廣角鏡整天追著你跑。

　　曾經上過一門課，老師說：「一個人的命運，就是他所有關係的總合。」此話為真理。人生所有的關係當中，最關鍵的是我們與原生家庭（父母、兄弟姊妹）的關係，其次是我們與親密伴侶的關係，以及我們與子女的關係。

　　基本上這三種關係都是照妖鏡無誤，但在不同的階段，鏡面反射的清晰度與折射力道有強弱分別。

　　比如常被爸媽碎念拖拖拉拉的人，對於爸媽的話早就疲乏、當成耳邊風，處於這個階段的人才懶得理爸媽咧，不要說從爸媽身上看見自己了，此時期的志願很有可能是：我以後絕對不要變成跟爸媽一樣的人。然而等到談戀愛時，要不是愛上同樣有拖延毛病的人，就是愛上一個也會碎念自己拖延的人，又或者生了小孩，小孩肯定也有拖延症頭……這就是人生。

　　站在爸媽的位置來看，一直碎唸孩子拖延也可能是因為爸媽沒有接納自己的愛拖延，只想指望孩子扭轉這個缺陷，但小孩一天到晚被唸，沒有被接納，心裡很不爽就繼續拖延。而心裡不爽也會生氣與抗拒，當一個人把焦點放在抗拒，便會創造更多抗拒，他會做出很多努力讓自己好像脫離了現狀，實際上卻只是從這個抗拒換到另一個，沒有扭轉。

　　身為一直被唸的小孩，則很難從爸媽身上看見自己要面對的課題，因為被唸真的很煩，如果還常常因此被處罰，怨念就更深了。除非小孩天生聰穎到能意識到自己與爸媽是一體的，爸媽不接納的事，可以透過自己接納自己來化解，如果自己接納了自己的拖延，並且願意改變、前進，不僅可以擺脫自己的

拖延，還能讓爸媽的拖延也一併融化。但這真的是非常有智慧的人才能想到的解法，我們身為一介草民，十之八九的反應會是：「爸媽很煩很討厭，我長大一定不要變成跟他們一樣的人。」有時候講這種話還會搭配發毒誓，但通常講完沒多久，就會在極短的時間內自打嘴巴、活出爸媽的翻版，且完全不自知，倒是旁人看得一清二楚。

不過，拒絕從父母身上看見自己沒關係，我們還有兩次重大機會面對自己、扭轉乾坤，就是談戀愛跟生小孩，更進一步地說，結婚比談戀愛效果更好，有決心與勇氣之人請務必試試。我支持婚姻平權的理由之一，是覺得婚姻這個修煉場怎能只有異性戀進得來，無論如何都要開放給全人類啊！（哈哈哈）

談戀愛、結婚這樣的親密關係為什麼是照妖鏡？因為我們對親密的人要求最多，也投射最多，而且我們真的很愛理直氣壯地做這些事。比如我們不會要求室友對他的伴侶忠貞不二，來補償我們因為爸媽外遇而種下的愛情陰影，卻會檢查愛人的手機、規定他做出特定行為來療癒這份不信任。

親密關係讓我們的創傷現形，我們會渴望被愛人拯救，也

就是期待愛人來滿足我們內心一直以來都無法真正被滿足的空缺。我們想都沒想，就認定這是所愛之人的義務，不論是愛人、父母、子女都一樣，若他們做不到，我們就會心碎，覺得：死定了，連你這個應該要愛我的人都不能滿足我，我要怎麼活下去？會這樣想是因為我們把自己看得很小，不相信自己有足夠的力量活好活滿，勢必得從別人那邊索取。

這時候就是出動照妖鏡的絕佳時機了。照妖鏡是一個無論你怎麼看都只能看向自己的東西，照久了終會發現指望別人非常不智。指望小孩，小孩要不是越跑越遠不回家，不然就是埋葬自己的人生來滿足父母，每個作為都以愛之名，但最後沒人幸福；指望老公，結果自己變成怨婦，老公看了就怕，小孩也想躲；指望老婆，結果老婆越來越強大，自己越來越弱小，最後無容身之地時，怪老婆未盡婚姻義務；指望爸媽對自己更好，反而永遠活在爸媽的陰霾中，一生無法真正長大。

照妖鏡會讓我們看見自己的每一個行為與意圖，最重要的是自己的嘴臉。如果我們老是覺得身邊的人沒給自己好臉色，那麼千萬不要懷疑，我們十之八九臉也很臭，就算不臭也很不

討喜。如果我們慈眉善目、氣場如春風，除非遇到上輩子冤親債主來清算業力，不然一般路人甲乙丙丁都會對我們笑，甚至被迷到嬌羞撇頭。

「給出去的都會回來」，照妖鏡的妙用在於敦促我們早點看見自己當下所創造的到底是愛的流動？是勒索？是疏離？還是憎恨？沒有人可以逃得過這些，如果不需要從關係中學會愛，就不用投胎當人了。老天是很公平的，不僅公平，也很幽默，讓我們出生之後便漸漸忘記自己為什麼選擇這個家庭來投胎，接著時間到了就想談戀愛，在家裡無法面對的，在愛情裡繼續面對，然後是生兒育女，讓我們自己的骨肉再演一回給我們看，看看我們到底有沒有認真面對。

回歸到最前面那句話：「一個人的命運，就是他所有關係的總合。」一切皆有跡可循，只要我們願意睜大眼睛照照鏡子。

不要等

談過爛戀愛的好處有很多，其中一項就是讓我大徹大悟：
當下不能在一起的人就是無緣的人，不要等。

那種什麼他很喜歡我，我很喜歡他，但他還沒辦法跟他女友／男友分手，所以沒辦法更進一步什麼的，就是無緣，不要等。

或是什麼他很喜歡我，我很喜歡他，可是因為他上一段感情受傷太深，沒辦法馬上展開一段新的關係……有的沒的，就是無緣，不要等。

還有那種他很喜歡我，我很喜歡他，可是他說他現在想先拚事業，沒有很多心思在談戀愛上，那就是無緣，不要等。

要就要，不要就不要。兩個人建立關係，這就是第一關，這一關跨不過去，就是沒有關係。

　　以前遇到這類的事，我會覺得，我們是相愛的，但時機不對，等過一陣子他的問題解決了，我們就可以好好在一起了。結果這樣展開的戀情沒有一次是好下場，沒有一次。為什麼會這麼衰小呢？為什麼神這麼不祝福我呢？神不是愛世人嗎？哎呀，其實神早就千方百計告訴我不要等，是我自己看不懂神的訊息，偏要兩百年後才開竅，才理解「等」是一種不對等、是一種索求、是一種受害情結、是一種匱乏、是一種與當下脫節的靈肉分離！

　　我是標準的愛情女，註定要在愛情裡經驗人生課題、透過愛情脫胎換骨的女生。我呢，以前只要遇到喜歡的對象，哪怕在地球的另一端，坐飛機三十小時照樣飛去。沒有任何事情可以擋得了我的愛情，我要就是要、排除萬難、在所不惜。若喜歡的人說他愛我，但現在沒辦法跟我在一起，我聽了會完全不以為意。開玩笑！這算什麼問題？只要我喜歡你，我的時間、我的心思、我的行動都給你，有什麼難的？我很會安排我的人生，我不會因為等你就無聊，等你的這段時間，我照樣能把生活過得很精彩，反正我就是要跟你在一起，非你不可！

　　當我處於這種「等」戀情展開的狀態，我每天都會許願「老天請你讓我跟某某某在一起」。儘管內心深處知道，比較好的願望是「老天請你送來一個能夠與我並肩而行、真誠交流的愛人」，但我就是無法接受不在願望裡面指名愛人是誰。只說要一個並肩而行、真誠交流的愛人，範圍未免太廣、太冒險了，我想到就不安，要是來一個奇怪的路人怎麼辦？絕對不能讓這麼瞎的事情發生，一定要跟老天講得非常明確！我甚至還會說他住在哪裡、長什麼樣子，命令老天不可以給我送一個同名同姓的來！

　　現在想想很好笑，既然是送來當我愛人的，我鬼遮眼都會愛上他，到底在緊張什麼、控制什麼？自以為比老天還會選人。就因為這種無法信任、無法允許事情自然發生、無法放輕鬆的症頭，所以我老是愛得灰頭土臉、累死自己。

　　不只愛情，其他方面也一樣。若通往目的地的路有兩條，一條筆直簡單，還附輸送帶，另一條蜿蜒崎嶇、窩藏猛獸，我十之八九會指著困難的那條路說：「我要走這條路，挑簡單的路太偷懶了，沒有歷經千辛萬苦，哪能嚐到成功果實的甜美？我才不要，走難的路才帥、才酷！我要走這條！」真是十足中

二的行為，障礙這種東西，要也是老天給，幹嘛「DIY」？嫌人生太順遂太無聊嗎？再說，筆直簡單還附輸送帶的路，也要平衡感夠好才上得去，不要以為選了簡單的路就是偷懶。選簡單的路還得先有一顆配得的心，覺得自己配得輕易與順流，不然在輸送帶上照樣一路焦慮到終點，分秒擔憂著這麼輕鬆該不會是場騙局？會不會被反撲？緊張兮兮的時候，簡單的路都被走成困難的路。

　　過去的我就是迷信要有艱辛過程才能嚐到甜美果實，所以常自己創造人生路障。其實只要舌頭沒壞掉，果實都是甜的，允不允許自己品嚐而已。有時候真的很想回溯童年，看看是哪一刻被植入這種「辛苦的人才有資格收成」的潛意識模式，導致我做每件事都想要用辛苦去換，老在那演慷慨赴義的戲碼，這種模式放到愛情裡面，就是「錯把悲慘當深刻」。

　　現在的我則超級明白，**非要跟某個人在一起的執著，其實是不信任**，不信任除了這個人之外，還有別人也能讓我這麼喜歡；或者說不信任命運的安排有其智慧，認為必須靠自己緊緊抓住眼前的人，否則將沒有辦法再遇見心動與幸福。

　　《戀人絮語》裡面我最愛的就是〈等待〉那一篇，作為那個等的人，作為一個受害者，多爽，不用為自己的生命負責。我可以說我很想談戀愛，但現在沒辦法談，因為他還不能跟我在一起，不是我不要，是他，問題在他，但沒關係，只要我願意等，問題就不在我身上。我的美好在未來不在現在，因為他拖住了我，但沒關係，我比他辛苦、比他偉大，所以由我來犧牲，讓他有時間去解決他的問題。

　　等啊等啊等，等到他可以跟我在一起的時候，我已是一個守候多時的聖人，任何人都應該要尊敬我的毅力，他也不例外，老天也不例外；他要對守候多時的我加倍體貼，而老天也要對於我的付出給予獎賞，讓這段所謂苦盡甘來的戀情更加美好。

　　利用等待，我創造了全世界都虧欠我的狀態。

　　我可能以為把生活過得很好，就不算在等，其實不然，心理上的等也是等，即便身體過得很精彩，心理狀態依然是停滯的。生命是流動的，一旦停止流動就會變臭水溝。等待就是一種停滯，裡頭隱藏了許多複雜的情緒與代價，只是我沒看見，而當等待結束的那一刻到來，我需要的補償將比我所意識到的多出很多。

　　所以不要等，也不能等。無緣的人就不是我的人，我沒有要跟無緣的人在一起，這就是我的女王轉身。我無論跟誰在一起都會幸福，根本不需要耗費心力去強求，更沒有非誰不可這回事。

　　現在若遇上那種他說他愛我，但是現在沒辦法跟我在一起的人，就是謝謝有緣再見，沒有其他。生命從不會等我，我還拿生命來等你，幹嘛咧？對自己好一點，不自我障礙、不迷信辛苦、不要等，讓愛情在順流裡面發生。

愛情的禮物

我覺得愛情的兩個最大迷思，就是：

一、對永遠的執著

二、對唯一的執著

所以我們老想著「那些沒有長達永遠的戀情都叫作失敗。」「若我不是唯一，他／她就不是真的愛我。」而在愛情裡反覆受害。

來聊聊永遠。其實我每次談戀愛都渴望跟對方愛到永遠，什麼現實因素都管不了，只想跟對方一直一直相愛下去。還滿瘋狂的，但愛上了，誰不想永遠？問題是人哪有那麼多永遠，再怎麼活也就一輩子而已。每任都求永遠，是要活五百歲嗎？五百歲、五千歲、五萬歲，都還是有盡頭的啊，有盡頭就不算永遠。所以，只要人會死亡，就沒辦法用時間來定義永遠。

後來我才了解，我期待的永遠，其實也不是永遠在一起，

而是渴望那甜蜜的片刻可以無限延長與擴大。如果是這樣的永遠，就容易許多，只要在甜蜜的當下，全心全意地享受，一絲都不要浪費，就可以嚐到永遠的滋味了。永遠是一種感覺，而不是時間的長度。有些人就是註定來陪我們一陣子，不是一輩子。

　　至於唯一，大部分的人連時間軸上縱向的非唯一都難以忍受，更不要說橫向的非唯一了。跟前女／男友較勁，是一件極為吃力不討好的苦差事，除非難以控制自己，否則連想都不要想淌這灘渾水。競爭的真諦在於你一旦去爭，就已經輸了，戰爭的國度沒有沃土、無法豐收啊，這種事沒有贏家的。不論是此刻的對手，還是過去的對手，都不值得「撩下去」拚輸贏，且這分明是伴侶腦子有洞不知道自己要什麼、無法做抉擇，為何由你來承擔惡果呢？除非大家說好了，你我他都喜歡多重伴侶關係，這樣很好，不然的話，看清楚鏡子裡的自己：「我是一個這麼棒的人，我值得全心全意的愛情。」何苦爭寵討愛，青春無價，給不起全心全意的愛人就放生他吧。

　　其實，無論什麼樣的戀愛都有經可取的，跟不一樣的人在一起，會創造不一樣的故事，就得到不一樣的覺悟（咦）。

　　我在巴黎唸書時，談了一段既不永遠也不唯一，過程撲朔迷離、結局莫名其妙，但如今想來依然很值得的戀愛。他叫克雷蒙，我們在一起時間長，但相處時間卻極短，因為戀愛才剛開始我就回台灣了，遠距戀愛一直呈現有一搭沒一搭的狀態，約會很貴，見一面要四萬多塊台幣、十五個小時以上的飛行，實在不是想見就能見。我帶著奮力一搏的決心來維持這段關係，但還是告吹。

　　分手之後我們大概只在生日的時候會互相祝福，其他日子沒什麼聯繫，不過我跟後來的老公去巴黎玩的時候，克雷蒙主動約我和老公吃飯，我很開心，畢竟那頓飯局我左擁右抱兩個帥哥啊，多威風。

　　去年某個傍晚，既不是我生日也不是克雷蒙生日，但他卻突然捎來即時通話，接著非常興奮地告訴我，他要當爸爸了。我在台灣他在巴黎，兩人距離一萬公里，時間差了六小時，但他那無與倫比的雀躍，衝破時空一絲不差地傳到我這裡來了。我腦中甚至浮現他手舞足蹈、跳上跳下的模樣，此刻他極有可能真的在做這些動作。

　　我很替他高興，但卻又有些不爽。五味雜陳。

　　因為我是在克雷蒙最失意的時候認識他的，每次約會都要聽他埋怨人生的不順遂，並且肆無忌憚地對我投射不安全感。我好想跟他甜蜜地散散步、在路邊隨便吃一張可麗餅，不好吃也沒關係，只要他不要一直苦著臉說自己有多慘就好。但沒辦法，當時他就是那麼慘，無法作假，他是個真實的人。

　　那幾年他辛苦我也辛苦。付出了很多，戀情依然無情地死去，心碎一地。我當時不停安慰自己，跟這麼消沉的人在一起太辛苦了，分手才好。

　　然而在那通電話裡，克雷蒙整個人是如此振奮、喜悅，一副被愛充滿的模樣。我從來沒見過他這個樣子，甚至可以說連一點跡象都沒嗅到過。「這真的是我認識的那個克雷蒙嗎？」原來他也會因為要當爸爸而興奮、會對人生充滿幹勁與熱忱，原來他是可以這麼快樂的。我心底不禁幽幽地怨道：為何我就那麼倒楣？是遇到人生低谷中的克雷蒙。

　　記得我的日記裡有著這麼一段不知在哪本書裡讀到的話：「沒有一段關係是失敗的，只有與期待不符的結果，如此而已。」一語驚醒夢中人。和克雷蒙的戀情與我的期待確實不怎麼相符，不僅讓我覺得這段關係很失敗，也讓我覺得自己是個失敗的人。

其實所有的關係包括朋友、家人、陌生人……總結起來是有好有壞，滿平衡合理的不是嗎？但親密關係壞掉，就令人特別難以釋懷。

尤其，有些戀愛實在稱不上快樂，幾乎從頭到尾都在互相折磨，簡直像是相約來見識彼此黑暗面的，卻歹戲拖棚、耗去大好青春，最後分手分得心有不甘，分完還得痛苦很久。遇上這樣的戀情，很難不覺得自己失敗。但就像那段話說的，沒有一段關係是失敗的，只有與期待不符的結果，如此而已。

真的是這樣啊，只不過常常要等到事過境遷很久才看懂，看懂之後，又過了很久才對此心悅誠服。

我跟克雷蒙沒有永遠，我們真正在一起的時間好短，且大多都在投射自己的焦慮不安，若把甜蜜的片刻抽出來回憶，這段戀情簡直短得可憐。我們也沒有唯一，倒不是兩人各自發展多線關係或什麼的，而是我知道他內心深處其實掛念著前女友，而我在台灣這一頭，有時想著是不是該放手了，也會不知不覺漸漸把心清出一個空間，準備容納別人。

這段關係讓我挫敗許久，但事過境遷之後仔細想想，沒什麼所謂失敗。那就是當時的我跟當時的克雷蒙最合適的狀態，

沒辦法只是用甜蜜、快樂、永遠、唯一來衡量這段關係，我們的緣分不在創造粉紅戀情，倒是很盡責地陪伴彼此渡過一段焦慮的幻象。

　　有的愛人教會我們溫柔與寬容，有的則激發我們抓狂的極限；有的愛人讓我們懂得奉獻，有的讓我們享受尊重；有的伴侶使我們更清楚自己要的是什麼，讓我們看見自己的好，有的伴侶則讓我們覺得自己糟透了……愛人有好多面貌，而敢愛，便能夠讓我們成長擴張。

　　這就是愛情帶來最大的禮物，如果我們只認得出永遠跟唯一，那真是虧大了。

柯蕾特，我餓了。

有一件很幽默的事，常被我拿來說嘴。

以前曾經用一種兇得要命的態度對著姊妹大聲主張：「老娘絕對不跟公婆住，一天都別想。你爸媽要人服侍，那我爸媽就不用嗎？少在那邊給我覺得理所當然，這什麼愚蠢的傳統，就是大家都乖乖吃這套，所以這種爛東西才能一直存在，所以大家都想生兒子。老娘就是絕對不跟公婆住，一天都別想，不爽不要娶，反正我也不會跟這種人交往！」結果講完沒多久我就跑去當時的法國男友家，跟他和他媽住了兩個月。

好吧，雖然只有兩個月，但我畢竟說過「一天都別想」，所以心裡還是覺得很可恥。為了不要白白接受恥辱，我決定在這段空前絕後、此生唯一跟婆婆住的時光裡（繼續嘴硬），放膽地嘗試自己可以放肆到什麼地步。

　　入住第一天，男友的媽媽對我說：「我家就是妳家，妳愛幹嘛都可以。我退休了，生活很簡單，基本上整天都在沙發這兒，妳只要肚子餓就跟我說，我煮東西給妳吃。總之，當自己家。」

　　「好，我會的。」我果斷回答，一絲客氣都沒有，百分之百認真。老實說，在台灣聽到這種話我不敢當真，畢竟台灣人那麼愛講客氣話，照做必死。但這裡是巴黎，我不懂巴黎人，所以妳這樣說我就這樣做，我也想看看結果會怎樣！

　　第二天起，我真的把男友家當自己家，整天穿著睡衣走來走去、上網追劇，宅廢到極點，肚子餓就去找男友的媽媽說我餓了，然後她真的會馬上煮飯給我吃。

　　「柯蕾特，我餓了。」我都直接叫她名字，在法國這很正常，如果我跟著男友叫「媽」，那才真的會嚇到人家。所以我每天肚子餓時都會對柯蕾特說：「柯蕾特，我餓了。」然後柯蕾特就會笑瞇瞇地走進廚房，為我變出一頓法國家常菜。她只煮給我吃，自己從來不吃，煮完就回到客廳繼續喝她的咖啡，我是住在這裡兩個月才知道，原來人一天只喝一杯咖啡也可以活下去。吃完飯我也不用洗碗，只要把碗盤放進洗碗機就好了。

　　除了「柯蕾特，我餓了。」之外，我們倆沒什麼互動，她看她的電視，我看我的電腦。對此，柯蕾特非常自在，沒有要找我碴的意思。兩個星期過去，我開始有些好奇，她對於我這樣厚顏無恥天天要她煮飯給我吃的行為到底有沒有芥蒂？她喜歡我嗎？還是心裡其實巴不得我趕快滾？

　　但從一些小細節看來，柯蕾特應該不討厭我。她會偷偷跟我男友說：「雅晴今天把一個單字講錯了，她好可愛。」她每次去超市都會約我同行，我們一起逛超市時，只要我愛吃的她都買，甚至看到覺得適合我的 T 恤也買給我。各種跡象看來，柯蕾特應該還滿喜歡我，於是我的恥度來到新高點：不僅要柯蕾特煮飯給我吃，還開始在逛超市的時候向她點菜。「柯蕾特，我想吃淡菜。」「柯蕾特，我想吃可麗餅」柯蕾特看到她自己喜歡的食材也會問：「雅晴你要不要吃這個？」「好啊我要。」「拿一包吧。」就這樣輕鬆地往來。

　　後來柯蕾特不僅煮飯給我吃、讓我開菜單、約我逛超市，還會找我一起去茱麗家吃飯。茱麗是我當時男友的姊姊，柯蕾特的女兒。第一次去茱麗家，她也對我說：「把這裡當自己家，我家有鋼琴，妳隨時都可以來彈。」我當然照樣回答：「好，

我會的。」之後想彈琴就打電話給她說：「我要去妳家彈琴囉。」然後就跑去，有時一彈就是一整個下午，還猛喝她家的果汁。

　　柯蕾特跟茱麗都對我非常好。我有時會懷疑這一切，心裡想著自己會不會太天真，或許柯蕾特跟茱麗並不歡迎我，對我好只是她們人客氣，反正我只住兩個月，應付應付就過去了。

　　某個晚上，附近的音樂學校舉辦成果發表會，茱麗全家都會上台表演，柯蕾特也會上台唱歌，她們邀我去當聽眾，我開開心心答應了。發表會結束後，柯蕾特拉著我的手，帶我去見了一堆人，包括鄰居、某鋼琴老師……她一一介紹這些人給我認識，然後在結束之後跟我說：「這就是我們的生活，我們的朋友們，妳都認識了。」說完給了我一個溫柔媽媽的微笑。那一刻我知道我不必再懷疑東懷疑西，柯蕾特喜歡我。

　　之後我跟柯蕾特繼續維持著我們荒唐又溫馨的互動。「柯蕾特，我餓了。」然後柯蕾特就會去煮飯給我吃。偶爾，柯蕾特也會拉小提琴給我聽，跟我分享她寫的詩，我會把我畫的圖拿給她看，她看了好開心，還跑去跟我男友說：「雅晴真有才華。」而我在茱麗家佔用了鋼琴這麼多次，離開前當然很上道

地為茱麗的家人彈奏幾首動聽的曲目。

　　過完極為放肆的兩個月。回到台灣之後我就又開始對著姊妹主張跟公婆住的傳統完全不合理、早該消失於人間⋯⋯等等，依舊一邊講一邊激動地拍桌。但每次想起跟柯蕾特住的那段時光，就覺得若是人對了，其實這樣的生活也挺幸福。後來我仔細想想，才發現我搞錯了，**媳婦和公婆並不是「不能」同住，而是「不能強求」同住。**當我們那麼抗拒，反而是在意識上鞏固了這個公式，讓同住等於壓迫。

　　「柯蕾特，我餓了。」每當想起這些，就好想再去煩柯蕾特喔，想吃柯蕾特做的可麗餅。她會為了她的兒子，還有我，一口氣做五十幾張可麗餅，在瓷盤上堆得高高的，熄火之後拿出一盒糖粉，坐下來跟我們一起享用糖粉可麗餅。這是她唯一煮完會跟我們一起吃的食物。

替母親「叛逆」

　　以前我常常因為衣著不符合外婆的標準而出不了門。外婆討厭所有不收邊、抽鬚、有破洞的衣服。在外婆的眼中，有破洞的牛仔褲是宇宙間最失禮、最糟糕的東西，把這種東西穿在身上的人一定有病，設計出刷破牛仔褲的人應該要被抓去坐牢。

　　「我問妳，妳那件破破爛爛的洋裝是哪裡來的？」某天下午我正準備出門，外婆突然走到我房間門口，指著衣櫥質詢起來，我知道她對我那件粉紅色不收邊的雪紡洋裝很有意見。

　　「買的。」

　　「妳自己買的？」

　　「對，我買的。」

　　聽了我的回答，外婆開始戲劇性地搖頭。「妳竟然買這種衣服，我以為是別人送的，沒想到是妳自己買的。妳怎麼會買這種衣服？我的孫女怎麼會買這種衣服？我們家竟然會有買這

種衣服的人，我不信，一定是妳那些壞朋友教妳的，妳說，是不是那個誰誰誰……」

　　外婆開始盤點我所有的朋友，並一一指控。有些話真的過分到讓我的肝瞬間爆裂成一萬五千多個碎片噴出去。我實在不想吼一個八十幾歲的老人家，但她用她飽滿的能量成功遞出戰帖：「八十幾歲老人家的戰力可不是妳這蠢貨想得到的。」

　　但是跟她對戰我常常輸到脫褲。就算被激得朝她大吼：「讓我出去！我就是要穿這樣出去！」最後仍得把衣服給換下來，因為她就擋在樓梯口準備肉搏，除非把她撞下去或從窗戶跳出去，否則我連我的樓層都離不開，更別說出家門。

　　閨蜜F告訴我，某次出門前，她媽媽嫌她洋裝太貼身會看到內褲痕跡，她當場飆了一句「不然不要穿！」接著就在媽媽面前把內褲脫了衝出門。她說那一整天下面都涼颼颼，通風的感覺其實很不錯。瞧瞧她多威風，相較之下戰輸外婆的我，不是輸到脫褲，是輸到脫皮。

　　在我跟外婆肉搏的歲月裡，總有閒雜人等站出來碎唸我叛逆，我常氣到想跟他們拚了。我只不過是想穿自己喜歡的衣服，

就叫做叛逆？你們是從小就被限制穿著，導致斯德哥爾摩症候群，現在反過來覺得管人家穿著是對的嗎？我真的很想各踢他們十腳。

　　直到這兩三年我才明白，那些人口中的「叛逆」不是說來教訓我的，是說來為他們自己平反的。他們沒能為了穿自己想穿的衣服而堅持，也不被允許為了穿自己想穿的衣服對外婆大吼大叫，所以對他們來說，我這叫叛逆。想想就不惱火了。

　　老天實在幽默，我外婆如此傳統的良家婦女，偏偏配上我這款不受控的孫女，連穿個衣服都不願意順服她老人家，還去街上親那麼多人親到上新聞，最可怕的是當時年紀一把了不交男朋友。

　　對大部分的人來說，我，還有我那脫了內褲衝出門的朋友，非常不孝。不論是外婆還是媽媽，順著她們不就好了嗎？家人之間是不講道理的，何必搞得家裡氣氛緊繃，大家都不愉快？媽媽生養我們很辛苦，我們順服媽媽是應該的。

　　喔不，我覺得這樣的孝順太表面了。我對外婆，以及我朋友對她媽媽的孝順，是一種靈魂層次的孝順，這種層次的孝順，不是在生活中順著媽媽的意就可以解釋的，**我們是拚了命也要**

活出媽媽或者媽媽的媽媽一輩子都不敢也不願面對的那個自己。

　　我們信守出生前的約定，來當一個保守媽媽的前衛女兒，用自己的人生完滿媽媽。即便媽媽又打又罵，甚至哭叫加羞辱：「我沒有妳這個丟人現眼的女兒！」也不能使我們忘記自己的使命。事出必有因，我們是媽媽潛意識的分身，媽媽如果不想被解放，就不會生出我們來氣死她自己。

　　所以衝吧，女兒們，媽媽不願意懂，但是我們可以懂，媽媽沒能活出來的，我們幫媽媽活。

審核

　　某個農曆年，外婆知道我當時的男友要來家裡幫我慶生，除了開心地買了兩束花插在客廳之外，還在晚餐後莫名正經地說對我說：「雅晴，妳過來，我有話問妳。」

　　想都不用想，我就知道外婆準備要盤問男友的身家背景，一股抗拒咻地從胃部竄到腦門，翻了翻白眼，選個離她有點距離的位置坐下，打算隨便應付幾句就走人。屁股才碰到沙發，外婆就開口了。「這個男生有兄弟姊妹嗎？」此話一出我瞬間臉垮、眉頭瞬間皺。「有。」外婆察覺我不高興，沒有再問下去，我清楚這個對話不會愉快收場，很快地離開沙發上樓去。

　　其實我從沒聽外婆說過她的戀愛，只知道她的婚姻。在外婆的時代，有婚姻沒戀愛是很理所當然的事，所有人都奉父母之命成婚，沒人在談戀愛的，頂多偷偷愛慕某人，卻一輩子都不敢對人說。對外婆而言，婚姻是一門終生交易，結了就不能

離，當然要拚命盤查對方的底細。

　　我知道外婆想保護我，她用她覺得正確的方式捍衛我的幸福。我知道那是外婆給愛的方式，我知道，我都知道，但就是收不下這份愛。

　　「他有幾個兄弟姊妹都與妳無關，我不要妳用任何標準來審核我男朋友。妳也不要問對方家長在幹嘛，不要問他的職業，更不要問收入。我不准妳認定『女婿』應該要怎樣，然後用這個標準來評斷他。」

　　「我絕對不會給妳任何線索來讓妳給他打分數，絕對不准。」我內心這樣想著。

　　如果我不幸選了一個爛男人、談了爛戀愛，那是因為我不曾好好學習怎麼選擇伴侶，也不曾好好學習怎麼談戀愛。我相信外婆的人生中也沒有好好學過這些，才會想要用審核的方式篩選對象，而不是陪我聊聊什麼是愛情。我願意跟外婆一起承受這些挫敗，一起抱怨沒人教我們如何經營美好的親密關係，一起讓這些遺憾過去。但我一點都不想承襲她的擇偶方式，也不想被干涉我的體驗。

　　我知道外婆覺得自己是在為我好，她每次都這麼說，但這

就是問題所在，所謂的為我好，其實是控制、不信任與不尊重。「妳審核我的男朋友，是因為妳覺得妳才有能力挑出對的人，而我不行，妳不信任我可以憑自己的判斷選到好對象。更長遠來說，妳也沒有信任我的生命，想為我做決定、想讓我少走一些冤枉路、少一點挫折，但，如果那些挫折是老天要來使我茁壯的寶貴體驗呢？沒走過那些路，我便錯過了許多，是妳奪走了我本來可以得到的力量。不要老我說為我好、怕我吃苦，所以幫我做決定，那其實是不信任。我憑自己的本事也能創造出美好人生。總之，不准審核我的男朋友。不、准、審、核、我、的、男、朋、友。」

以上。外婆只不過問了一句「這個男生有兄弟姊妹嗎？」我腦子就瞬間把這整串想法跑完一輪。其實同樣的問題若換作是其他人問，我根本毫無掙扎、輕輕鬆鬆就答出來了，唯獨外婆問，我會立刻臭臉甚至走人。

某天下午，因為感冒頭昏腦脹、流著鼻水的我就那樣躺在外婆最常坐的沙發上，醒醒睡睡，腦子裡好多東西。突然間，一股深深的寂寞襲上心頭。

　　我突然體會到，那句「這個男生有兄弟姊妹嗎？」表面上是要審核男友，實際上外婆真正想審核的是她自己。她想確認寶貝孫女是否挑到了一個好對象，如果真挑到了好對象，那麼孫女就會幸福，那麼她也會很欣慰、很有成就感。孫女的幸福，可以讓她相信自己活得很有價值，不僅是一個有福報的人，也是一個成功的母親、成功的外婆。

　　外婆的干涉背後藏了很多脆弱。她把自己的價值全都寄託給兒孫了，所以兒孫一定要幸福，而且是她看得懂的那種幸福，她才不會感覺自己失敗。

　　有了子女以後，父母幾乎將人生都奉獻給子女，實在很難不把子女當成評斷自我價值的依據。管東管西、干涉這個干涉那個，其實是想掂掂自己在兒女心中的重量，還有他們這一趟人生到底值多少。但小孩終究是他們自己，如果父母要靠小孩來定義自己，愛就會變成勒索。不過說真的，那界線有多少人能拿捏得準？沒多少吧？我就很確定自己沒辦法。給愛的時候哪能想那麼多？就是一股腦地給，回過神來的時候，早就忘記自己是誰了。哎，人生好難。

　　以前只站在身為兒女的立場，看不見父母處境。但那天下午，在沙發上突如其來的體悟，終於讓我能夠站在父母的立場，去看見其中的困難與偉大。再想想外婆，這麼想知道我的男友是個怎樣的人，那就讓她知道又何妨？回答外婆的瑣碎問題，讓她感覺自己是有價值的、被愛的，也不是什麼困難的事。至於男朋友合不合格，我自己心裡清楚，外婆的標準就讓它笑笑過去吧。

" 所有的親密關係，都是讓妳照見自己的鏡子。 "

我壞壞

　　有天男友來家裡吃晚餐。爸爸不在,所以爸爸的餐椅空著。

外婆:「你要不要坐爸爸的位置?」

男友:「不用,我坐這裡就可以了。」

外婆:「你坐大位啊,你是男人,男人最大。」

　　早在外婆開口要男友坐我爸的位置時,我就知道她心裡是那樣想,只是沒料到她竟敢講出來!我一邊翻白眼一邊搖頭,根本連吵都懶得跟她吵了。外婆是超級重男輕女經典大代表,重男輕女四字不僅寫在她臉上,還烙在她腦裡、刻在她心上!這真的是她那年代最神祕的謎團:有屌就是王。

　　外婆結婚後,錢是她在賺、家務她包辦、夫家人是她在照顧、小孩(沒錯包括我媽)靠她養。外婆明明頂天立地,但看到男人卻總是自矮一截,好像身為女人是原罪似的,喔,不只是好像,她確實那樣認為。

　　我常常會因此生外婆的氣，一方面是氣她不尊重自己、對自己不好，另一方面則是氣她不僅不尊重自己，也不尊重所有女人。但想起外婆的經歷，其實內心深處氣的是自己，對於外婆所受的苦幫不上忙。

　　外婆說過的故事裡，我印象最深刻的是她講那個鎮上最美麗的女人的故事。外婆說，年輕的時候他們鎮上有個非常漂亮的女人，走到哪兒都有人盯著她看，後來那個女人結婚了，跟先生一起出門時，路上其他男人依舊愛看她這樣的美女。有次，外婆剛好跟這個美麗的女人與她的先生一起搭公車，公車上的其他男人又忍不住盯著美麗的女人猛看，她先生發現之後，手一抬就在公車上狠狠地揍了那個美麗的女人一頓，邊揍邊咒罵她不要臉、勾引別人。車上沒人敢吭聲，外婆則瞇著眼睛別過頭，嚇壞了。

　　外婆講這個故事的時候，表情既驚恐又心疼，她說這樣的事情，在她們那個年代常常發生。

　　我聽了非常惱火，很想告訴外婆：那個年代已經過去了，不用害怕。但實際上似乎不是這麼回事，現在雖然很難看到丈

夫因為妻子美到被路人行注目禮，就公然在街頭上演家暴，但因為妻子太有魅力而限制其行動，或在隱晦之處施行虐待的丈夫還是有的。又，現下社會依舊認為女人隱藏自己的情慾與美麗是種美德，因為女人的一切美好該只屬於她的丈夫。

每次當我們在批判一個女人騷、賤，被侵犯活該、是她自找的……我們就像那個丈夫，打他的妻子是因為他認為妻子沒有把自己的美麗藏好。

外婆有她那個年代必須小心翼翼的事，我們也有我們這個年代必須小心翼翼的事。「規訓」一直都存在。其實我很明白外婆的心情，她相信女人要是不乖乖接受規訓，下場會很淒慘，所以她才要三不五時就管我穿什麼、做什麼，她怕我不被社會接受，會難以生存，外婆想保護我。

愛管歸愛管，但外婆的個性其實十分溫柔慈悲、善良又積極，她走到哪都大受歡迎。鄰居都愛跟外婆黏在一起，菜市場的攤販看到外婆就開心，什麼都多送給她，每個來家裡的客人都對外婆的慈愛念念不忘，連去看醫生，外婆都能跟醫生和護理師成為朋友。大家都阿嬤阿嬤地叫，說阿嬤好親切、好喜歡阿嬤。

　　但外婆這樣一個大能量、有愛、撐起一片天的女人，對自己一生的成就雖感到驕傲，其中卻摻雜著倖存的恐懼與受害，因為她相信女人的幸福，得用壓抑自己、服從男人、受盡折磨才換得來。所以外婆重男輕女，她覺得有屌就是王，男人們不用壓抑、服從，也不用受盡折磨，就有機會能得到幸福與成功。所以，生出來有屌等於贏在起跑點。

　　所以，想也知道外婆在日常生活中，會講出什麼貶低女性的話，搞得家裡的女人比如我媽我妹，三不五時就會翻白眼、左耳進右耳出。她們都盡量忍住不頂撞，唯獨我最常暴走，跟外婆吵架完全不客氣。

　　當那天男友站在餐桌旁準備入座。外婆脫口而出：「你是男人，男人最大。」的時候，我頂撞的話本已經衝到嘴邊，但忍住沒說。一方面懶得說，畢竟同樣的事我已頂撞兩百次，外婆依舊覺得男人最大，另一方面，眼前滿桌佳餚這麼香，懶得跟她吵了，先吃飯吧。

　　說時遲，那時快，沒想到我這一秒才在心裡放棄頂嘴，下一秒我媽不知哪來的狠勁，突然對著外婆喊：

　　「什麼男人最大？現在整屋子的女人妳竟然說男人最大！」媽媽的語氣是又氣又好笑，不帶攻擊卻帶一點調皮的。表姊緊抓千載難逢的機會，跟著附和：「就是說啊！重男輕女！」

　　我妹被這一幕笑到又是拍手又是拍桌，我在一旁看傻了。難得遇到這種情況最激動的不是我而是我媽，我簡直不敢相信自己的眼睛和耳朵。待我反應過來，馬上加入妹妹的行列，拍手叫好、放聲大笑。

　　混亂中，媽媽又喊一次：「整屋子的女人，妳把我們放在哪裡？重男輕女！」

　　被眾人砲轟的外婆自己捂著嘴笑說：「我是十六世紀的人，我沒辦法啦！」

　　「知道就好！」「重男輕女，哼！」「自己是女生還這樣！」大家七嘴八舌。

　　這是我打出生以來，第一次看到全家女人砲口一致放膽對著外婆轟，以前大家都只是各自抱怨、各自隱忍、各自小規模反擊或不反擊，像這樣大大方方地為自己站出來真的是第一次啊。且不是以盛怒之心指控，是以一種混雜著長期以來反覆糾結、放下、糾結、放下，與對家人的包容和關愛所釀出來的幽

默語調，笑著說：

　　「媽，妳壞壞。」

　　「外婆，妳壞壞。」

　　「奶奶，妳壞壞。」

　　多麼不容易，我們各自付諸多少努力才來到這一刻。話在說出口之前經歷了多少千迴百轉，如今釋放出來的，傷害成分已經很低很低了，甚至低到可以一笑置之。也因為如此，外婆能夠笑到一會兒捂臉、一會兒捂嘴，很不好意思地對整屋子的女人說：「對啦，我壞壞。」

我媽／爸不喜歡你

「我媽／爸不喜歡你。」這句話很值得分手。

每次聽到這樣的話，我都會在心裡這樣想，但有時候腦子想分手，心裡卻捨不得啊，只好笑笑回：「哇，你口味跟你爸媽還真不一樣。」

大部分想結婚的人，都好怕被對方家人不喜歡，其實有什麼好怕的呢？全世界的人都有權利不喜歡你，他家人當然也不例外。難不成大家都該喜歡你嗎？沒有這回事。另外，結婚對象的家人不喜歡你，那是他與他家人之間的問題，你不需要介入。

畢竟都要結婚的人了，為自己的選擇負起責任，這很基本。他家人不喜歡、不尊重他的選擇，他要負責去溝通協調、要去面對這個長久以來的問題——也就是在家中不被當成大人的課題。為何他的父母自認有權決定他的結婚對象？那是他跟父母

之間有懸而未解的糾結，他在家中還沒有被視為一個成人。

　　父母沒把他視為成人，他得去為自己爭取成長。他不爭，就一輩子沒辦法為自己做主。沒辦法為自己做主的人生是永無止境的鬼打牆，想著這裡卻必須去到那裡，想做這個卻必須做那個，永遠虛耗能量。這樣的人活得很苦，而他的父母也很苦，因為權力不肯下放，責任就永無交託之日。活到六七十歲，小孩都成家了，還無法放鬆與信任，一生勞心勞力卻換不到愛，悲苦。

　　回到「我媽／爸不喜歡你。」我覺得這句話根本就不該說出口，除非後面接的是「這是我的問題，爸媽已經習慣掌控我，我一直沒有勇氣處理，連累到你我很抱歉，我承諾你，我會努力面對、好好解決。」除非伴侶有這種認知，不然講出「我媽／爸不喜歡你。」這種話，十之八九是想要展開一連串的綁架與勒索。他在等著你幫他解決，他在等著你說：「我會努力讓你爸媽喜歡我。」

　　千萬別中計。

　　跟原生家庭有糾結的人，都會盼望遇上一個強而有力的伴

侶，把自己從原生家庭中拔出來，期待伴侶當那個拯救者。簡單說就是他無力處理自己的問題，想要拉一個人來擋。如果你傻傻幫他擋，要不是你先入地獄，他再找下一個人來擋，就是兩個人一起入地獄。

　　愛當然要愛在天堂，為什麼要愛在地獄。如果你不想被勒索，可以轉頭就走，如果已經捨不得走，就得鍛鍊伴侶去面對父母。遇到心臟強一點的，就吼他：「你給我長大！長不大你就一輩子被掌控！」遇到心臟弱的，可柔性（拍肩）勸說：「你可以的，加油。你跟父母是平等的，每一次見到爸媽，就抬頭挺胸，在心裡站得直直的，爸媽沒給你位置，你自己給自己位置。跟爸媽溝通時，提醒自己不拉扯、不指控、不受害。不必一次到位，每次進步一點點就好，但要堅持。」

　　總之好好鍛鍊伴侶，可以嚴厲，但也要疼惜，畢竟那是他最脆弱之處。陪伴他走這段歷程，但不需要幫他擋劍，也不需要為了討好他而討好他的家人。他要為自己的選擇負責與奮鬥，你也要。人生在世很簡單，自己的問題自己面對。

　　談戀愛很暢快，不只是因為能瘋狂做愛（喂），還因為親

密關係會召喚出我們所有的創傷,於是各種戲碼就會像猛虎出閘一樣衝出來,殺個你措手不及,超刺激。也就是在這個時刻,我們能拾回那些沒跟著長大的、錯落遺留在時間線上的碎片。一旦碎片撿齊、拼好,身跟心就沒有時間差,人就舒暢。

　　基於這一點,我覺得**結婚還是滿有好處的,不是承諾白頭偕老,是承諾從現在起不再閃躲,願意承認所有的自己。**

我結婚了

　　說到結婚，我本來沒特別想過自己想不想結婚，直到看多聽多了婚姻鬼故事之後，就開始嚷嚷不結婚。大部分的人都被我冷靜知性（有嗎）的外表所蒙蔽，以為我是個不婚主義者。其實，我沒那麼有主張，我只是孬，我是「恐婚」，不是「不婚」，這很不一樣。「不婚」是一種選擇、一種主義，尤其加了主義兩個字多神氣，好像還帶點學術感。至於恐婚，就跟字面上一模一樣：對婚姻有所恐懼。恐婚並非出於選擇，而是一種身不由己的狀態。

　　但人真的不要鐵齒，常嚷嚷不要這樣不要那樣的人特別容易自打嘴巴，為什麼呢？因為你每一次嚷不要，都在給那件你不想發生的事情焦點與能量，它才不管你想不想要啊，你一天到晚用潛意識餵養它，餵得那麼壯，當然時間一到就得收成。於是我嚷著不結婚不結婚，甚至在親朋好友又催促我為什麼沒有男朋友、

是不是標準太高時，我都回：「我在等多元成家。」但沒想到過沒多久就立刻自打嘴巴，不但交了男朋友，還接著閃婚。

其實我並不是一直以來都抗拒婚姻的。過去和法國男朋友在一起的時候，也曾覺得隨時可以結婚，緣盡則離，沒有天長地久的壓力、不會感覺被束縛，但也因為如此，結婚反而可有可無。恐婚症是我從巴黎回到台灣才開始發作的，這當然要歸功於我外婆週期性地逼婚。依外婆逼婚的程度，讓我不禁好奇，到底結了婚的女人是有多快樂、多勝利，何以外婆會把沒結婚的女人視為廢物？為了解開這個疑惑，我開始關心身邊的已婚族群，以及網路上、書籍裡各種婚姻相關討論，不看還好，一看就開始恐婚了。

因為在那些故事裡，傳統婚姻中的女人，好像很容易不知不覺成為免費台傭、免費代理孕母……女人到婚姻裡就演起了無價值的角色，令人不勝噓唏。我認真懷疑：人類歷史上最早的工具人，就是媳婦了吧？妻子在夫家被視為純粹的勞動力，彷彿是很自然的事，不僅如此，勞動的範圍還遠超乎我的想像。

我甚至收過不只一個男讀者來信，表示非常介意女友過去的性經驗，信件讀至此，我以為他的不悅是來自於對聖潔純真

女體的幻滅，沒想到他介意的是：性經驗那麼豐富的女人，說不定子宮已經耗損，已經不能生育，那我豈不是很倒楣，娶一個不會生的要幹嘛？

看完信換我幻滅了，我以前還沒往這個方向想呢，原來女性工具人的業務這麼廣，連子宮都是嫁妝的一部分。

儘管部分婚姻對女人如此不友善，許多人仍前仆後繼地結，還有些人說結婚是為了生小孩。大部分的人都認為養育小孩一定要有個完整的家庭，所謂完整的家庭，指的是由一個爸爸、一個媽媽，加上一個或數個小孩所組成的家庭。好像不是這樣的組合就不夠格養育小孩，於是不管怎樣都要達成一個爸爸、一個媽媽這個基本條件。

問題是，世界上多的是這種組合卻糟到不行的家庭，連一點點完整的邊都沾不上，那不叫家庭，倒是可以直接稱為悲劇製造廠。見過悲劇製造廠人都會相信，成員是否有爸有媽真的是其次，有愛才是關鍵。對於家庭成員的執念，讓很多人牙一咬、眼一閉婚就結下去，儘管內心深處知道對方根本不合適，也管不了，先湊足了一個爸一個媽，其他再說吧。

很多人是這樣展開苦悶下半生的，想當然，含淚養育的小

孩不會快樂到哪去。我常在想，會不會找個好精子結合，自己把小孩養大，都好過一場爛婚姻？至少孩子不必目睹婚姻裡的受害、交換與犧牲。

當時，我真心覺得結婚何苦呢？但我外婆顯然不這麼覺得，她覺得女人唯一的存在意義就是結婚生子沒有其他，就算對象再爛，有結都勝過沒結！記得我三十歲生日過完沒多久，整個人還在飄飄然呢，外婆卻冷不防地飄到我身後，說：「我在妳這個年紀的時候，人生的義務都盡完了，妳呢？」

可想而知當我後來決定結婚，這個世界上最爽的人除了我老公，就是我外婆了。那天我跟未來的老公一起坐在外婆身邊，告訴她我們要結婚，外婆在一秒之內雙手掩面，然後痛哭，是那種痛哭失聲的哭。我了解以外婆的個性她一定會哭，但沒料到會是這種程度啊！我們姊妹都被外婆的反應感染得一把眼淚一把鼻涕，我媽跟我爸在一旁笑呵呵，老公則一臉呆滯。

外婆如此激動，搞得我好慌。她邊哭邊說這輩子做的好事總算全都有了回報，老天終究沒有辜負她，謝天謝地孫女總算願意嫁了，然後哭得像小孩一樣握住我的手：「雅晴，雅晴，這才是我的雅晴。」接著對我老公說：「謝謝你，真的謝謝你，

別人她都不喜歡，就只喜歡你。」簡直像是瀕死病患被救活之後家屬下跪感謝醫生的場面，而我當下才知道原來外婆是真的、真的、真的那麼需要我結婚來圓滿她的心，如果我沒有結婚，她人生就會有個巨大的洞，讓她心頭時不時就給冷風吹。

結婚又不代表人生從此就一帆風順，為什麼對外婆或者很多人來說，結婚永遠都是人生幸福唯一解？看著外婆嚎啕大哭著，我很是心疼，同時也覺得謝天謝地幸好我結婚了。外婆渴望了一輩子的東西，剛好我有，而且也給她了，好險哪。

無論如何能讓外婆開心，我很高興，尤其外婆的開心不是由我的犧牲所換來的，真好。外婆一生為了讓別人開心，犧牲了無數自己。她一直在犧牲、不斷地犧牲，她是這樣活過來的，而在她的時代，恐怕也沒有其他選項。所以外婆常常希望我也犧牲一些什麼，來換得別人或者她的圓滿，比如三不五時慫恿我跟不喜歡的人約會，然後碎念：「沒感情可以培養，年紀都這麼大了不要挑剔」。

我當然一次都沒答應她，這不僅僅是出於我對自己的愛，也出於對外婆的愛。我用拒絕妥協切斷外婆的犧牲模式，替她跳出她那代無法跳脫的框架。對她來說，聽話才是她的好雅晴，

但我心裡明白，不管怎樣我都是她的好雅晴，她不認也不行。

　　結婚時，我和老公沒宴客，只簡單去區公所登記，登記完在熟悉的餐廳跟朋友聚餐。我跟老公第一次約吃飯就是在這間餐廳，那個飯局不算是約會，我壓根兒也沒想過會跟當時坐在我左邊的人結婚。然後一次又一次，我們又約在這個餐廳碰面，直到登記結婚的這一晚，我們也在這裡。我跟好姊妹們跳了一支舞，當作送給老公的驚喜，後來老公也加進來一起跳，場面十分歡樂。

　　前來的朋友們無一不婊我：「啊不是說此生不結？」「想不到妳也有這一天啊。」「楊雅晴，妳真的是我見過最會自婊的人。」吼，很煩，但畢竟是自己放的話、造的孽，也只能乖乖被噓。但朋友們雖然嘴很賤，一直嘲笑我自打嘴巴，臨走前仍一一來到我面前真摯地祝福我快樂與幸福。我很感恩地回覆他們：「謝謝你們來，不管我這輩子結幾次都要來喔。」講完自己放聲大笑。

　　最後他們一個接一個走向老公，拍拍他的肩膀說：「你厲害。」

　　就這樣，我結婚了。

真愛是業力

「結婚有比單身好嗎？值得嗎？」單身朋友最愛這樣問我了，但我答不出來。

單身的人很容易產生一種幻覺，就是認為自己是世界的廢渣，活著只是浪費地球資源而已。「我到底有什麼問題？為什麼交不到男／女朋友？誰可以告訴我我到底哪裡設定錯誤？」我單身時也覺得自己絕對有什麼重大殘缺，才會全天下都在放閃，只有我沒有性生活。我沒有戀愛可以談，我距離婚姻有三光年之遠，我是次等公民。而鄰居跟師長也會因此一口咬定是我太挑、太恰、太難搞，一切都是我的錯。

有了伴侶才知道單身真的沒有比較不好，只是不一樣而已。單身的時候我可以說我是誰、我個性如何如何、我喜歡這個討厭那個……我以為我是什麼樣的人我就是什麼樣的人。但有了

伴侶的生活，是從此以後鼻頭前方掛一面鏡子，如影隨形、陰魂不散。我不用說我是誰、我個性如何如何⋯⋯什麼都不用講，親密關係就會直接把你實際上長什麼樣子直接映在你自己面前。

伴侶隨便一個無意的小舉動就可以引發我們不知道幾歲發生的，甚至根本忘記了的創傷，接著情緒便會狠狠地湧來。有時候是爽事，比如老公幫我抓抓背我就高興到不能自己，因為小時候外婆會幫我抓背哄我睡覺。有時候是不爽的事，比如我在老公面前為了一件小事而哭，明明老公沒有做出什麼反應，我卻怕得要死，因為過往某段戀情中，只要我一哭，就會被嘲笑或者威脅遺棄。

既然是親密關係，當然不會只有我的戲份。我喜歡抓背、我怕被遺棄⋯⋯老公也有自己的症頭，他可能非常討厭遭受質疑，或者痛恨被要求刷馬桶（隨便說說舉例，大家不用亂猜啦）。每個人都有自己的恐懼，而這恐懼在親密關係中會無所遁形。

而比恐懼更精彩的是，人會創造出各種陰謀來掩飾或逃避恐懼。比如為了不被遺棄，就用犧牲去交換愛，翻成白話文就是：怕你會不理我不愛我，所以我拚命付出，你的付出遠不及我的付出，於是你對我感到有所虧欠，就不敢離開我。又比如利用

自己的失敗來控訴對方不是夠好的伴侶，逼對方作出補償。還有一種模式也很常看到，就是為了避免受傷，乾脆不認真經營關係，要不是在外面搞出一堆備胎，就是天天在家演個活死人。

　　總之，在親密關係中，我們因為無法處理自己的恐懼，都會對伴侶做出很惡劣的行為，不僅明著暗著改變對方以提升自己的利益，還理直氣壯、一犯再犯。

　　「試圖改變你的伴侶，就是在無意識中暗示他沒有好到值得被愛。」（節錄自《愛從接納自己開始》）沒錯，試圖改變伴侶真的是十分惡劣之行為，但我還挺接納自己這份惡劣的。拜託，如果我可以做到完全接納伴侶或者說完全接納自己，顯然已達到涅槃的境界，我的肉身肯定已經在其他次元而不是這裡了。作為一介草民而不是神仙，三不五時就跟老公進行卑劣的權力鬥爭，如此小我之愛實在是再平常不過。我一點都沒有為自己的惡行感到天崩地裂，倒是挺慶幸能跟老公狼狽為奸，走上修行之路。

　　結婚並非王子公主從此以後過著幸福快樂的日子，除非你認為鍛鍊身心靈很幸福快樂，那結婚就是幸福快樂的。很久很

久以前，大約情竇初開時期，我以為愛情就是幸福；再大一點，也就是已經不純情的年紀，我發現愛情是情慾（性衝動）；現在呢，結了婚的我透徹明白：愛情是業力。不是冤親債主哪會相約來互相傷害呢？真愛的結合，絕對就是業力的至高展現無誤。至於真愛的承諾呢，我之前誤以為是立誓相愛一輩子，喔不，我現在很清楚所謂真愛的承諾，就是累世的業力這一世結清（哇哈哈哈哈哈哈）。

雖然婚姻並非什麼粉紅色的愛情甜果，但平心而論，能夠跟一個自己所選、所愛的伴侶一起做人生課題，感覺還是滿好的。且每一次咬牙切齒、痛哭流涕過後，都能夠感受到自己比過去更有力量。多棒啊，自己的擴張自己見證，自己的成長自己來。

「結婚有比單身好嗎？值得嗎？」

好不好、值不值得我依舊答不出來，但我會以一抹甜笑，搭配一句聽來很有哲理實際上也很有哲理的話，贈予提問人：

「單身可以活得很好；而結婚，可以活得很大。」

女兒呀！

　　懷第一胎快生的時候，我的肚子繃得像輪胎一樣，躺也繃、站也繃、移動的時候更繃，沒有一刻不繃。這種詭異的感覺前所未有，所以我自己認定應該是快生了。

　　天啊，竟然要生了。老實說整個孕期我都很少跟肚子裡的女兒講話，算是一個失職的「孕少女」，直到意識到剩沒多少時間了，才有感而發地跟女兒聊起天來。

　　女兒妳快出來了呢，真是不可思議。大家都說孕婦開心最重要，懷孕要隨時保持好心情，寶寶性情才會穩定。但妳知道的，妳媽不是個隨時都有好心情的人，我猜這世界上沒有這種人。

　　知道懷了妳的那個月，又打官司又出車禍，緊接而來一連串人性考驗。對於這一切，本來我很灰心喪志想擺爛，但一想到妳將是我的三百六十度全身照妖鏡，所有我不願面對的都會

由妳來顯化，心一橫就拚了，我自己的課題自己做，如此妳才有更多的空間活出妳的人生。妳媽是這麼樣地豁出去，所以我猜妳降臨人間界學到的第一件事就是不退縮。

剛講到孕婦要保持好心情，我這段時間拚命面對自己，不是羞愧懺悔就是咬牙切齒，而且體重跟身材一直往我不習慣的那個方向去，五臟六腑時不時也變得很奇怪……種種原因，我心情自然是不那麼愉悅。但我不覺得這樣叫做心情「不好」，也不怕如此會危害到妳。一來，妳會選擇當我女兒，絕非省油的燈，我不必戰戰兢兢保護妳；二來，妳所感受到的我的情緒，全都很真實，真實比「好」還要有力量。妳要知道，妳媽不是個好女人，是個真女人。好壞可以由人詮釋，但真假不辯自明，恭喜妳還沒出生就可以體驗這份真實。再說，愛不是二十四小時的，妳懂嗎？儘管我大部分的時候很喜歡自己，有時候卻會很討厭自己，對自己對他人都一樣，我有時候愛這世界，有時候怨恨這世界，因此我活得很精彩，妳將來也會有這樣的體驗。

都沒講到妳爸。妳肯定感受到我非常愛他，雖然他在這段孕期常常表現得很蠢。妳不是孵在他肚子裡，他無法體驗我的

感受，難免會做出一些人神共憤的無良行為，但他很努力改變，我知道。以前，他的世界只有他自己而已，現在他正學著將我、將妳都納入願景之中，這對他來說很不容易，任何一個人要脫離舊模式，都是很不容易的。妳爸跟我同樣選擇了真實，同樣咬牙切齒地面對自己。妳爸比我更了不起的是，我做這件事已經十幾年了，而他才剛開始，那衝擊的力道可是相當驚人，但他接下了這個戰帖，沒有逃避。我見他為此忙得焦頭爛額、受挫時愁眉苦臉，打從心裡敬佩他。我尊敬這個男人，也憐愛這個男人。我對大男人沒興趣，對小男人也沒興趣，我要的是跟我旗鼓相當，能與我並肩而行、互相帶領的男人，妳爸就是這樣的男人。我倆是天作之合，妳選得好。我可愛的老公，妳的爸爸，我猜妳出來之後會很黏他。

最後，妳在子宮裡待了三十六週，玩夠了吧？再讓妳溫存一個禮拜，下禮拜就可以出來了 OK？我再忍一個禮拜沒關係，但是超過一個禮拜就會開始有怨氣，所以我們來商量一下，十二月二十一到三十一這之間出來如何？不要等到一月了，我想趕快卸貨！

親愛的女兒，這個世界超級歡迎妳，妳才鼻屎大連脊椎都

沒長出來時，就已經有一堆女神男神搶著要當妳乾媽乾爸，這些乾爸媽送妳的禮物已經堆成一座小山，妳快出來收！記得喔，輕易地、無痛地、五分鐘問世！一出來妳就會看到一個美女迫不及待要抱妳，那就是我，接著妳爸也會抱妳，然後一個接一個的擁抱，有時是別人抱妳，有時是妳抱別人，抱來抱去，許多情感與奇蹟在其中流動著，就這樣一輩子。

（寫完這篇文章之後，過了整整一個月女兒才出來，臭小鬼）

不可逆的旅程

懷孕後期我每天都在等女兒出來，整整等了一個月，破水那天多虧老公臨危不亂，不到三十分鐘我已在醫院的待產床上躺平。當時子宮頸開四公分，大約五分鐘宮縮一次，老實說沒有很痛，但滿不舒服的。護理師表示吊完點滴才能打無痛，好不容易點滴結束，麻醉師依約出現，步伐悠哉悠哉，他走進來的時候什麼話也沒說，但眉宇間浮現出潛在對白：「嗯哼，從早上到現在已經幫七萬三千零五十九個人施打麻醉了，一碟小菜罷了，噢不，是一粒遠方來的塵埃。」

我被捲成蝦子，光溜溜的屁股對著醫師，姿勢好醜，真不願意，可惡。冰涼的麻醉藥從脊椎不知哪一節注入，腰部以下很快便失去痛覺。好神奇啊，我以為麻醉藥會讓下半身徹底失去知覺，沒想到仍可以感覺到待產床的溫度與棉被澀澀的質感，觸覺被保留下來，唯獨「痛」這件事消失了。「怎麼辦到的啊？」我一邊好奇著，一邊沉沉睡去。

　　生產前聽過很多待產十小時、二十小時、三十小時的例子，每次聽到這種故事都會受驚嚇，待產那麼久誰受得了？但我凌晨兩點多躺平，到早上十點多進產房，算一算也有八個小時，感覺上卻是轉眼間就過了，為什麼呢？因為打無痛會失去時間感。偶爾發個呆、打個盹兒，回神過來問老公過了多久，老公回「四十分鐘」嚇壞我。我的感知頂多四分鐘啊，哪裡來的四十分鐘？請問我剛剛去外太空旅遊了嗎？我的四分鐘等於地球的四十分鐘嗎？時間變成一種非常迷幻的存在。

　　待產床旁有一台測宮縮的機器。前面提到所謂不舒服的宮縮，強度大約五、六十，但幾個小時內宮縮強度就飆破一百，而且一分鐘縮一次。老公看著機器上的恐怖指數，憂心忡忡問：「老婆，會痛嗎？」「完全不會啊，一點感覺都沒有。」我答得十分逍遙，還一邊滑手機逛網拍、聊 Line。被我騷擾的朋友們，一知道我正在待產，反應都是：「妳為什麼還可以滑手機聊天？不是應該痛到快死掉嗎？」

　　就真的不會痛。

　　無痛分娩真是人類史上最偉大的技術，產婦與陪產人都該歌頌它。像我，宮縮強度才五、六十就已經很不爽了，若破百

絕對直接跳起來掐老公。又過了不知幾小時，子宮頸接近全開，護理師來教我用力。噢，這是目前為止最不好受的部分，下半身完全癱軟無力，卻要拚命把子宮往下往前頂，真的非常吃力，頂沒幾下我的臉就歪掉，但護理師說要一直頂，頂到看見寶寶的頭髮再進產房。對此我只有一個疑問，寶寶的頭髮跟我的陰毛難道不是長得一模一樣嗎？怎麼想都覺得實在太難分清楚，可護理師卻一副理所當然的態度，顯然對他們來說，在陰毛堆中辨識出寶寶的頭髮，就像是在一群吉娃娃犬當中認出一隻哈士奇那般容易，這真是一項太專業太神奇的能力，我不禁讚歎起來。

我乖乖遵守護理師的指令，每次宮縮一來就用力頂，頂到進產房為止。依我吃力的程度，絕對不只是臉歪掉而已，還要加上青筋暴露、五官亂擠，幸好我自己看不到，不然真的會沒有勇氣走出醫院，請直接把我埋在待產床上吧，我不想面對。這樣說來，不知道有沒有哪間婦產科夠幽默，幽默到在待產室放鏡子，讓產婦可以看看自己有多狼狽，這樣的善舉可以徹底瓦解產婦對於外貌的執著與幻象，讓產婦不僅生小孩，還順便自我重生。

　　結果我頂到臉歪掉的用力方法，進產房之後完全沒用上，因為護理師與醫生發現女兒非常大隻，便叫我乖乖躺著，其餘的他們來就好。醫生跟護理師一邊聊天一邊做了很多我不懂的事，幾分鐘後，我看到自己兩腿之間有個黑黑的東西，噢，不是陰毛，是女兒的頭髮，原來陰毛跟寶寶頭髮看起來真的有差。女兒生出來了。

　　「哇，眼睛已經睜開了，很漂亮喔，恭喜妳。」護理師把女兒放入我懷裡。我原以為自己會感動地痛哭，結果並沒有，反而有種奇異又尷尬的感覺。我發現……我跟女兒根本不熟啊！這就像在網路上跟某個人聊天聊得很投緣，甚至有種上輩子就相識的錯覺，等到真正見面的那一刻卻突然整個人清醒過來，瞬間能夠分辨出網路聊天與現實面對面講話的區別。原來文字是文字，人是人。人是 3D 立體的，有獨特的氣味、小動作、觸感、質地……不論之前聊天聊得多投緣，此刻眼前的人就是一個陌生人。我們常以為理解一個人的想法就理解了他，但事實上還差很遠。

　　更何況長達四十週都在肚子裡的女兒。隔了那麼多層皮肉，我連她長什麼樣子都不知道，對她的認識僅止於她偏好踢我右奶、打嗝總是打很久、會害我便秘跟胃脹……其實相當陌生。

但奇妙的是，儘管如此，我對她卻已經有種緊緊相依、無法分離的連結感，世間怎會有如此詭異的關係？

　　懷裡的寶寶比我想像中的大多了，難以相信幾分鐘前她還在我身體裡。第一次看到女兒本人，我的第一個念頭是：「哈囉，妳哪位？」想到剛剛護理師誇她漂亮，嗯，泡在羊水裡四十週的胎兒之美，難懂。女兒好像豬喔，而且是一隻歪七扭八的紫色小豬，也可說是一顆芋頭麻糬。「哈囉。」這是我對女兒說的第一句話，後面那句「妳哪位？」忍住沒說，心裡還是那種奇異又尷尬的感覺……那時候還不知道自己幾個小時之內就會愛上這隻小豬，而且愛到不能自己、愛到荼蘼的那種程度。

　　護理師快速地清點了女兒的手指、腳趾、眼睛鼻子嘴巴耳朵，接著便把女兒抓出去見客。此時還在產台上善後的我，依然一點痛感都沒有，悠哉地跟醫生聊著天。醫生一邊縫我的傷口一邊說法國人的壞話（哈哈哈哈），句句屬實、句句同意啊，笑著笑著，已開始期待以後要跟老公和女兒一起去巴黎。

　　出產房時，竟看到全家人包括九十幾歲的外婆、妹妹的老公全都出現了，一群人佔滿走道的兩側，還在我經過時熱烈鼓

掌。「你們很誇張耶，還列隊歡迎！」我嘴上說得一副受不了的態度，心裡滋味卻是甜蜜溫暖。

哎喲，就這樣生完了耶。之前一直許願五分鐘解決，結果到底生了幾分鐘我根本不知道，但無所謂了，順順利利生出來就好，而且全程都不痛，謝天謝地，再次讚歎無痛分娩真是人類史上最偉大的技術。

上次待在妹妹的產房外心情是無比雀躍，這次在產房裡，畢竟是親自上陣，沒那麼多餘力激動，整個人挺平靜的。但心裡有股清明，知道自己已經踏入一趟不可逆的旅程，將有苦有樂。

不記得是在前往醫院的路上還是生完之後跟老公說：「原來女兒咪哈一直在等的是這個。」

「哪個？」老公問。

「她在等全員到齊啊，一個都不能少喔。」

在女兒出生前沒多久，我們有過一次家庭聚會，雖然沒有全員到齊，但很溫馨，我原本以為女兒會在那一天出來，結果沒有。接著又過了跨年、元旦、家人的生日、我跟老公的結婚紀念日，女兒都沒出來。直到這個週末全家再次相聚，兩個妹

妹也帶著老公回來，就像過農曆春節一樣所有人都到齊。大家玩得好開心，女兒就出來了。原來她喜歡團圓，我也喜歡；原來女兒要所有人都在身邊，才願意出來。

等了一個月，才恍然大悟原來女兒要的是這個，大家都說孩子會自己決定時辰出生，是真的。再想想，恐怕不只是出生的時辰，我們一輩子直到死亡其實全都是自己的決定。

"
學會愛孩子的同時，也要學會重新愛自己。"

攝影／江怡萱（人間貓）

願意

「妹～妳怎麼每天都這麼開心？」我超愛問女兒這句，問時心裡總帶有幾分甜蜜與自豪。女兒早上醒來就笑，吃飯也笑，要睡覺也笑，好像她的世界是全宇宙最美最棒的。然後不好意思喲，我就是她世界裡最常出現的人，所以看她每天都這麼快樂，不禁洋洋得意。

此刻女兒在床上笑得像卡通奇奇蒂蒂那兩隻花栗鼠一樣，嘰嘰咯咯嘰嘰咯咯地，真是人類史上最動聽的樂音。我不停戳她腋下、大腿內側、脖子，她笑到在床上又扭又滾，非常失控可愛。

「妹～妳怎麼每天都這麼開心？」我又問，可能已經是當日第十八次問這問題。

「因為妳媽很厲害！懂嗎？因為妳媽很厲害！」一個念頭突然衝到嘴邊，就這樣回答了自己。

　　從生完孩子，搬入新家之後開始，我一直馬不停蹄地在適應這樣的生活。上網選購家具、家用品，無法在網路上買的，就帶著女兒一起出門採購再扛回家；一邊張羅女兒的吃睡、陪女兒玩，還要收包裹、拆箱、組裝、安置……全都是粗活兒，且大多單手完成，因為另一隻手要抱女兒。

　　就這樣一點一滴地把整個家弄起來了，還有美麗的小花園呢。這段期間真的很勞累，但我仍把女兒照顧得很好，一絲都沒讓她受冷落與委屈，認真想想自己實在好厲害啊。

　　到底是怎麼做到的？我也不知道，可回憶起來一點都沒覺得苦，只覺得神。也許是因為跟女兒一起做任何事都像在玩吧，常常我只是一邊做家事一邊手舞足蹈講瘋話，女兒就笑得東倒西歪，黏在我腿上不走。我洗碗的時候會把女兒放在遊戲床裡，一邊洗碗一邊探頭看她，每次探頭都伴隨著大喊，喊什麼？隨便亂喊，總之逗逗她。這麼簡單的遊戲，就能讓她興奮到像搭雲霄飛車那樣狂叫，在遊戲床裡ㄅㄨㄞ啊ㄅㄨㄞ跳個不停。她快樂我也快樂，事情也做好了，像施了魔法似的。

　　在家是這樣，出外也差不多。過去自己一個人出門，兩手空空很清幽，然而現在帶著女兒雖沒那麼輕便，卻可以沿途騷

擾女兒：「妹妳看，這是辛亥路，樹很多對不對？麻喜歡樹噢，妳喜歡嗎？喜歡嗎？喜歡嗎？」諸如此類，明知女兒不會回答，卻問個不停、說個不停，好嗨啊，原來能夠盡情騷擾一個人的感覺是這麼樣地舒暢甜蜜。

　　總之照顧女兒的分分秒秒皆是全力以赴、毫無保留的，所以每天都累到不是沾枕頭就睡死，是光想到枕頭的形狀，想到那個長方形，就能一秒進入彌留。儘管如此，只要女兒一過來抱大腿，我就融化了，緊接著耐心與體力又會像傑克的豌豆那樣長出來，再跳一支舞也行。

　　這就是帶小孩最神奇的部分吧？一次又一次，發現自己對女兒的那份甘願總能無限擴張，被自己的愛深深感動。不只是帶小孩，**生活中很多時候被自己感動，都不是因為看到自己很好，而是看見自己有多麼「願意」。**

不可以

　　女兒咪哈五個月就會爬、六個月就會站，八個月已經扶著家具整間屋子跑透透，九個多月時，每天最開心的行程是抽屜櫃子巡禮。只要看得到的抽屜櫃子，不管有把手沒把手，她都有辦法打開。但她未必會把所有東西都翻出來，有興趣的她才拿，沒興趣的看都不看一眼，比如口紅，我拿某個色號給她，她還會撇頭不屑呢，哼，鬼靈精怪的小傢伙。

　　抽屜櫃子巡禮是百分之百爽到她累到我，自從她發現這塊新樂園之後，我每天收東西收到手軟腳軟。她現在還不會自己走，光是扶著傢俱搞東搞西，就累歪我了，之後會跑會跳、活動力更強時，豈不天天拆屋？光想就覺得恐怖，當然不能讓這種事發生，咪哈該開始學習規矩了。

　　那時我一直在想，要怎麼跟她說「不可以」，讓她知道有些事不可以做。上網爬文也爬不出個所以然，教養文章都寫得

好有條理，可是我看完兩百篇依然不知道怎麼做。當咪哈伸手拿她不該拿的東西，比如剪刀、熱水杯、玻璃瓶，我只能搶在她到手前把東西移走，但她看到我把東西拿走，只會一臉興奮，以為我在跟她玩什麼「來追我啊」的遊戲，手伸得比剛剛還要長，眼神比剛剛更炙熱，一副非拿到不可的表情。

　　對於一個嬰兒，到底怎樣能做到適切的制止呢？又，九個月大的嬰兒翻箱倒櫃是多麼自然又合理的行為，根本天性使然，我如何能阻止一個嬰兒發揮天性呢？最簡單的方法：拿不該拿的東西就揍下去。可是我哪下得了手？我怕我還沒揍人就先在旁邊哭，那就太失態了。跟她講道理嗎？自己都覺得有點尷尬，實在沒把握九個月大的嬰兒可以聽得懂我在說什麼，光想就覺得有難度。

　　嗳，到底該怎麼管教？我可不想變成人體收玩具機，況且不趁現在教，等她大一點，吃完東西不收拾、用完東西不物歸原處、脫了衣服不丟洗衣籃，我的生活不就死透透？拜託，沒這回事。打鐵趁熱，教兒趁早，我一定要想出解決的辦法。

　　正苦惱著，就聽到一段十分動聽的話：「他們活了幾百世的靈魂，什麼燒殺擄掠沒幹過，只是現在裝在嬰兒的軀殼裡罷

了。你要講什麼就直接跟他們講，他們全都聽得懂。」

「就這麼簡單？」我內心大驚。後來仔細想想，這事看來簡單，其實又沒那麼簡單。以前養狗時，很清楚地感受到話語的力量在於講話者的意圖與能量，不在話語的內容。笑著跟妮妮說：「笨小妮，我要咬你。」牠會親密地對我折耳朵表示臣服；但若皺著眉頭說：「你好可愛。」牠卻會惱火瞪我。狗眼看人低不是空穴來風，狗狗不僅可以讀出話語背後的意圖，還會讀能量，牠們知道誰氣場強、誰好欺負。狗都不好呼嚨了，更別說嬰兒。

所以我知道我在對咪哈下指令時，內心要有一份篤定。那份篤定來自於我有能力把自己管理好，我要求咪哈做的事情，是對我來說同樣理所當然也要做到的事。不需要兇狠，也不用討好，而就是篤定。當我所說的話是連我自己都不會違背的承諾，那麼收到話的人，會馬上明白這就是我立下的界線與規矩。有明確的界線與規矩是好事，如此一來，咪哈便不需要一直揣測，也不需要試探，心裡反而穩當、自由。

九個月大的咪哈一邊翻抽屜，嘴裡一邊念著咿咿呀呀吧哺吧的嬰兒語，我聽不懂；我聽不懂她的語言，但她卻聽得懂我

的語言？想來很奇妙，明明我也曾經只有九個月大，卻一點都想不起來那時候的自己整天咿咿呀呀到底在講啥；再想想更神奇，每個人都曾經是嬰兒，但沒有人知道嬰兒在想什麼。

「咪哈，從今天起，妳要開始學習不可以。」我覺得我調適好了，心裡已有那份所謂的篤定，於是堅定地告訴咪哈。

說完這話，我意識到，一旦她的世界有了明確的可以與不可以，一個身為人的二元對立就展開了，接著她就要用一輩子的時間在二元當中創造合一。直到有一天她發現可以與不可以其實是同一件事，那時她可能又要離開了。

前世情人

朋友常說，女兒咪哈像我的前世情人。滿有可能的，因為她英氣十足，而且很受我使喚。

據說小孩兩歲以前都還保留著胎內記憶，只要小孩講的話你聽得懂，大可以問問他在媽媽肚子裡都做些什麼，或者甚至是進到媽媽肚子裡之前的記憶也能問。我有位朋友等這一刻等了兩年，在兒子表達能力差不多到位時，便抓緊機會問：「你進到媽媽肚子裡之前在哪裡？在幹嘛？」兒子回答：「在樹上，在看媽媽跟爸爸，在等。」另一個朋友的兒女則說，他們在排隊誰先進媽媽的肚子。

哎唷，竟然有這麼神奇的事，搞得我也好想趕快問女兒，進到我肚子裡之前在哪？在幹嘛？可惜她還不太會講話，但倒是聽得懂。

　　咪哈約九個多月大，還是一團麻糬的時期，就聽得懂人話了。有次她在地上玩木球，一個手勁稍強了些，把木球滾到超出視線範圍的桌角。我見狀，順口便說：「球在桌子下面，櫃子前面那裡，看到了嗎？」結果她還真的往桌角那兒望去，不一會兒就爬過去把球給撿回來了。我當時有點驚訝，但沒養過小孩，也搞不清楚九個多月大聽懂人話是正常還是神嬰，只覺得「哎唷我的寶寶，妳好聰明好可愛唷。」接著抓來親兩百下。

　　第二次類似的驚喜，是她週歲前一天，姑姑送她一組木製下午茶玩具當作生日禮物，裡面有各種可愛的杯杯盤盤與餐具，還有莫名其妙的生菜、水果、小香腸。咪哈最好奇的是其中的烤麵包機，一拿到手就把兩片木頭吐司塞進去，接著把手指也伸進去，試圖拿出吐司。我遠遠看著，又隨口說：「咪哈，妳要按旁邊的草莓按鍵，吐司才會彈出來，這樣妳才拿得到。」我沒管她聽不聽得懂，就徑自對她說。她聽完真的伸手按旁邊的草莓按鍵，吐司咻一聲彈出來，她好開心，一邊笑一邊轉頭對我露出驕傲的神情。

　　「竟然全聽得懂！」這可不是過來過去、打開闔上這種二分法且看手勢就可遵循的簡單指令，而是涵蓋了細緻動作、需要相當理解能力的句子，一歲的咪哈竟然聽得懂。哇，這下我

開心了，女兒要不是跟我有好幾世的緣分、心有靈犀一點通，不然就是天才。無論是哪一種，我都知道從此以後可以盡情使喚她了。

「咪哈，那本書拿過來給我。」「咪哈妳在這裡等，不可以碰桌上的東西。」「咪哈，這個借給妳玩，但是當妳不玩的時候要還給媽媽。」「幫媽媽把這些拿去垃圾筒丟掉。」……各種複雜指令，她都照做，且達成任務時會一臉榮耀的模樣，好可愛。她比妮妮還要像狗，想當年妮妮完全不屑當我的小幫手。

但咪哈雖然聽話，卻不是好惹的嬰兒。前幾天一塊兒玩耍的小孩因為搶積木而對她大吼大叫，還揮手作勢要推她，我在遠處偷看，很好奇她會怎樣，結果她竟然一臉若無其事地吼回去了，笑壞我，她用她嫩嫩的嬰兒語吼對方，咿咿呀呀哺吧嘎，雖是一陣萌音，但氣勢完全沒在客氣。另一次是朋友的小孩拿了咪哈喜歡的玩具，但不願意跟咪哈一起玩，就跑進房間裡，咪哈見狀二話不說追了上去。朋友的小孩用跑的，咪哈用爬的，卻追得又快又狠。我原以為朋友的小孩會拿著玩具又跑出來，沒想到幾分鐘後，聽到朋友小孩的尖叫聲，接著是咪哈拿著玩具爬出來。八成又是靠氣勢搶到玩具，咪哈真不是省油的燈。

後來他們倆不知怎麼協調的，就一起玩那玩具，沒再搶了。一個搖搖跳舞，另一個拍手笑嘻嘻，超可愛。

看咪哈跟別的小孩互動，就知道她是個有力量的傢伙，但在我面前任我使喚時，她是個臣服於媽媽的寶寶。

咪哈週歲生日這一天，我做了一個夢，有妮妮和咪哈。

夢裡，妮妮說她當了我好幾世的女兒，但這世選擇當我的狗，是為了讓我輕鬆。她承諾陪我到天涯海角，只給我甜蜜，不給我煩惱。這是真的，妮妮只有一點多公斤，很好攜帶，潛入音樂廳、超市、重要會議，她都安安靜靜不出聲，從未被發現。十年來不曾翻咬我的東西，也不曾亂吠。我沒教牠，牠卻會自己去廁所大小便，早上睡醒後自己從小樓梯下床喝水，喝完再回床上等我醒來。妮妮為我帶來所有的美好，卻沒讓我辛苦過。

夢的另一段來得很突然，我本來在別的夢境中，這一幕卻跳進來。是咪哈，咪哈站在我身邊，打扮看起來像中世紀的人，再仔細看，手上竟然拿著長劍，原來她是我的貼身侍衛、我的騎士。那一世她為我奮不顧身、獻出性命，死後與我相約，這一世要當我的女兒，享盡我的疼愛與呵護，與我緊緊相依。

夢醒之後，我大哭一場。

把自己愛回來

　　咪哈算勇於冒險的小孩,不管去哪都卯起來玩,一副沒什麼顧慮的模樣。但她也不是那種總在第一時間就全然豁出去的孩子,遇到比較有挑戰性的項目,她通常會觀察一會兒,先嘗試一小部分,若當下能克服恐懼就衝,若有點怕就等第二次、第三次再完成。

　　比如溜滑梯。她不到一歲就被我跟保姆拎去公園溜滑梯,她那時還不太會走路,在公園裡爬來爬去,因為還無法坐著溜滑梯,所以我們教她:「趴著下來喔。」她很聽話地每次爬到滑梯口就自動翻身,趴著溜下來,還常常因為肚子太大溜不順,被肚子卡住,笑歪我們。

　　再大一點,咪哈會跑會跳時,看到別的小朋友都是坐著溜滑梯,她也想嘗試坐著溜。第一次,咪哈在溜滑梯口沒翻身,而是坐得直挺挺,她伸長脖子往滑梯下探了探,看起來有些猶

豫，幾秒鐘後轉身回到趴姿，還是趴著溜下來。後來幾次也是這樣。我忘記她是哪一次成功地坐著溜下來，只記得某次帶她去公園，突然發現她怎麼坐著就溜下滑梯，還一副熟練的樣子，應該是在我沒注意的時候自己破了這個心魔。從那時到現在，她都是坐著溜了。

端午連假時，我們到親子餐廳聚會。遊戲區有個很大的管狀溜滑梯，由鮮豔的塑膠管一節一節組起來。咪哈興奮地從側邊的彩色樓梯爬上去，才發現這個滑梯跟平常在公園裡溜的不一樣，管子裡暗暗的，而且看不到出口。她猶豫了一會兒，決定要溜，就扶著管口兩側坐下來，稍微往後仰準備要溜，但因為她心裡有點害怕，所以坐太後面而溜不下來。

後頭的哥哥見她卡在那兒，乾脆抱著她溜下來。從滑梯口衝出來的咪哈，頭髮亂七八糟、表情相當驚恐，但一落地馬上笑得像隻小企鵝。之後她一次又一次、一次又一次地溜那個滑梯，自己一個人溜，每次落地都好開心。我知道她很快樂。

我想起我自己。我也不是那種總是一次就到位的人，我也需要第二次、第三次甚至無數次，不僅如此，我也常需要別人

推我一把，就像咪哈身後的哥哥那樣。我有時候會對自己沒耐性，覺得自己很遜，為什麼不能快點把事情做好呢？為什麼要一次、兩次、三次……這麼多次呢？嫌棄自己的同時，也羨慕著那種一次到位的人。

　　而咪哈跟我一樣，我卻覺得她好棒好可愛。她有她自己的斟酌、有她自己的時程，她自會決定什麼時候可以不再趴著而是坐著溜。在克服恐懼之前，她並不會覺得自己很遜很討厭，而只是順著當下的感覺做決定，時候到了總會坐著溜下去。她有她天真無邪的智慧，順流而行。對女兒來說，根本什麼問題都沒有，而相同處境的我卻花大把心力自我鞭打。

　　我突然意識到我對自己很差，內心一陣抱歉與心疼。
　　小孩會選父母、選家庭來投胎，有共同課題的靈魂才會成為一家人。所以小孩出生後，漸漸地，那一舉一動將讓爸爸媽媽如同照鏡子一般重新看見自己，而爸媽可以選擇抗拒或者接納。
　　我現在深刻體驗到這是怎麼一回事了。**養小孩，就是「透過愛小孩，把自己愛回來。」**

親愛的女生，對於人生、對於願景、對於所有渴望的一切……
沒什麼好說的，全力以赴就對了。

Part 4
為自己開路

妳長大之後

　　我常想像女兒長大之後的世界會是什麼樣子。

　　那時候一定已經沒有現金這種東西了，出門完全不必帶錢，可能也不必帶卡，而是用手機或其他東西支付。掃描臉部或指紋一定也能付帳，這樣就算手機或相關的支付配件被偷，錢也不會被盜用，但若遇上厲害的駭客，可能會一口氣丟錢、丟臉、丟指紋……想想風險挺大，哎，這就是方便的代價呀。

　　那時候一定也沒什麼人去辦公室上班了。有網路的地方就能工作，每個人都可以自己安排上班時間、上班地點，隨著業務或心情在城市裡自由穿梭，噢，可能不只在城市裡漫遊，而是來回城市與城市、國家與國家之間，說不定星球與星球也行。

　　那時候一定也不流行結婚了。女人不會為了組家庭而結婚，因為不需要，女人有能力也有資源養小孩，男人只要當女人的戀人就好，談情說愛兼做愛，不必一起養小孩。女人會找到最

適合一起生活、養育小孩的夥伴（我猜是姊妹淘），而不再要求男人就得負責照顧家庭，畢竟精子的主人真的未必是最合適的生活伴侶。男人與女人不再互相指控對方未履行傳統角色的義務，傳宗接代的大事也毫無耽擱。（人類不會滅亡，萬歲！）

那時候的愛情一定也不侷限性別了，愛情不再是為了傳宗接代，家庭成員也未必要是戀人，那麼愛情就單純許多，沒那麼多責任糾葛。不過愛情終究是業力，一對戀人可能還是有很多功課要一起面對，但少了傳統文化與道德的束縛，愛情會走向一個新的模式。

那時候的交通一定很精彩。原本的道路已不敷使用，可能會出現許多空中通道、地下通道、神奇的交通工具，以及我意想不到的移動方式。那時候的人不曉得會為什麼理由出門？買東西都在網路上買，上班到處都可以，那出門幹嘛好呢？散步、吃飯、戶外運動、朋友聚會吧。但其實不出門應該也能感受到朋友就在身邊，那時候的 3D 投影一定很厲害，打開通訊軟體就能在自己家跟對方的立體影像互動。

剛剛又冒出了一個想像：那時候不需要那麼多的實體商店，也不需要那麼多的辦公室，那麼是不是街道就會慢慢還給大自

然了？哎呀，感覺好美噢。

　　我希望那時候的人們已經走過貧窮，來到富足的位置。富足的人不需要掠奪也不會囤積，那麼就不會有那麼多的消耗與浪費。那時候的人可能更樂意把金錢花在精神上的享受，越來越少補償性的購物模式。

　　那時候的我女兒，一定很正，不知道那時候會流行什麼形容詞來形容充滿魅力的女生，到時候我一定要一直用那個詞誇我女兒。那時候的人們會很陰性，因為那時候的世界很陰性，大家都習慣用陰性的方式看待世界、推崇陰性特質。那時候的人們對陽剛特質有些打壓，但那是必然的反撲，走完過渡期就會陰陽合一了。

　　越想越嗨呢。有女兒之前，不曾那麼認真想過未來的世界，有女兒之後，便情不自禁地盼望女兒的時代是美好的，總覺得自己的想像真能建構那樣的時代。越去想像，越有幹勁把當下活好，那麼到時候的我，一定又美又富足，能夠與女兒、與所愛之人、與那個時代互相榮耀。

開路

　　電影《奇異博士》裡有一場戲，是史傳奇在寺廟中練習畫穿越時空的圓界，別的學徒都畫成了，只有他屢屢失敗。史傳奇認為自己之所以畫不好，是因為手受過傷，不僅難以控制力道，還會不時地抖動。史傳奇的師父古一很清楚問題根本不在於手，而在於他的心。因為史傳奇自從手受傷之後，便把一切人生的不順遂推罪於雙手，他拒絕前進、拒絕看見新的可能性，而只想停留在受害之中怪罪命運，就像他此刻怪罪那雙受過傷的手害他無法成功畫出圓界。

　　於是古一喚來另一個學徒，要求他為史傳奇示範如何畫出時空圓界，學徒領受古一的指示，立刻就定位準備開始，沒想到袖口一撥開，他手腕以下竟然是空的，他沒有手掌。沒有手掌的學徒不費吹灰之力便成功畫出時空圓界，一旁的史傳奇露出尷尬、羞愧又有些倔強的神情。古一示意斷臂學徒退下，自己再畫了個圓界，望向史傳奇說：「跟我來。」接著兩人一起

跨過去，瞬間抵達世界最高峰：珠穆朗瑪峰。

　　山峰遠看一片平滑，近看則佈滿細緻的皺摺，那百萬年前的斷裂、碰撞與沉積，就這樣留在稜稜角角的紋路之中，由柔軟卻犀利的白雪刻劃出它的輪廓與風霜。珠穆朗瑪峰的白，有可能是人類所能見到最白的白色，既慈悲又殘酷，安靜無聲卻道盡生命的所有。

　　史傳奇被眼前的壯闊震懾，一邊碎唸好冷一邊讚歎好美，古一趁著史傳奇尚未搞清楚狀況，轉身走入穿越時空的圓界並關上入口，毫不留情地把他丟在那兒。

　　海拔八千公尺的氣候相當惡劣，一般人兩分鐘之內就會休克，三十分鐘之內就會死亡，而史傳奇不僅身上的衣物輕薄，也沒有任何裝備。無人救得了史傳奇，除了他自己。死神緊貼在後，虎視眈眈等著他墜落。

　　生死關頭是一條嚴苛的細縫，容不下推罪與自怨自艾，想活，就得放手一搏。直到這一刻史傳奇才終於明白自己已毫無退路，唯有不顧一切地畫圓，畫到死去或者生還為止。他死命地畫、死命地畫，手比平時抖得更厲害，還是得畫！就這樣拚了命地，在斷氣的前一刻終於成功畫出穿越時空的圓界，用最

後一口氣爬過去，回到寺廟裡古一的腳跟前。

我見過同樣毫無退路的人，面對眼前的阻礙，知道自己已沒有選擇，只能拋下一切拚了。

在一場聚會裡，兩個朋友談起自己的困境，都說想要有所突破。大夥兒慫恿他們先衝破一道由在場所有壯漢組成的人牆，當作演練，若衝得過這道人牆，出了聚會肯定更有力量衝破現實的困境。才說完，幾個壯男就半挑釁半開玩笑地自動站成一排。「來啊，先過我們這一關再說。」

人牆的平均身高大約一百七十五公分，厚度很難估，大概有兩個我。情況看起來不太妙，壯漢們胳臂架著胳臂連成一線，堅實穩固，要怎麼衝得破？好難想像啊。

第一個挑戰者摩拳擦掌了許久，卯足勁衝向前，結果跌得人仰馬翻。他不死心，向後退再衝一次，還是失敗。兩次、三次、四次甚至到第十次……大夥兒用力替他加油，仍是怎樣都過不去，找縫鑽也鑽不過。那一排壯漢彷若銅牆鐵壁，把第一號挑戰者折騰得汗流浹背、嘴唇發白，不得不放棄。

接著第二號挑戰者上場。他一百六十五公分左右，骨架瘦

小，跟第一號挑戰者相比，成功率更低。人牆在他面前顯得格外高大又沉重，旁觀的我們看著看著心頭都緊起來。會不會太勉強了？雖是一番好意的遊戲，還是別玩了吧？氣氛變得頗蕭穆，一個朋友忍不住走向前問：「你確定嗎？」這問題就像是命運之神拋出的選項，你要臨陣脫逃保全性命？還是迎向挑戰與死神賭一把呢？

他冷靜地點點頭，深吸了一口氣，摘下眼鏡，望向地面不發一語。大約過了一分鐘吧，誰知道到底多久？氣氛如此緊張，短短十秒感覺也像一分鐘。他抬起頭第一件事是轉動兩隻手腕，接著開始一一伸展各個關節。很明顯地，他心意已決，要衝了。

現場異常安靜，沒有人敢出聲，深怕打擾這最後的暖身。就在轉完雙腳腳踝之後，他停下所有的動作，閉上眼睛，再度深深吸了一口氣，大喝一聲就衝了上去。

旁觀的人群，包括我，不知怎麼著，眼淚竟跟著他的一聲喝噴了出來。那樣的吶喊不只是吶喊，而是一聲令下，要心底的恐懼全都出來見光死。他個子明明是那樣小，衝出去的瞬間卻讓人看見一頭猛獅，沒有絲毫的畏懼與遲疑，破釜沉舟的決心掀起了在場所有人的奮不顧身。

　　我們為他的勇敢深深感動，對他的搏鬥感同身受，他衝向人牆，我們則衝向他。我們圍繞著他，聲嘶力竭地大喊加油，巴不得把自己的力量全都給他，讓他闖關成功。

　　他帶著無與倫比的決心，直接衝撞人牆的最中心。他同樣拚到汗流浹背、嘴唇發白，但這次不一樣的是，壯漢們竟然也汗流浹背、嘴唇發白。沒多久，他撞破人牆倒在地上，壯漢們也七零八落散在地上，全場歡呼尖叫，好多人淚流滿面。那一幕令我永生難忘。

　　這就是開路。

　　在珠穆朗瑪峰那樣的絕境，史傳奇不得不拋下所有的高傲、受害、推罪、藉口，用盡全力投向所學的心法，才得以存活。這就是開路，開路靠的是懺悔、臣服、全力以赴。懺悔未必要哭得一把鼻涕一把眼淚，也無須自我鞭打，而是一個轉念，承認阻礙自己前進的從來就不是別人而是自己。史傳奇的手是他懦弱與自我放棄的代罪羔羊，他的手從來就沒有障礙他，是他自己障礙自己。幸好古一師父下猛藥丟了個生死關頭給他，讓他在最短的時間內醒覺，否則他會繼續沉浸在怪罪的輪迴之中。

真正的懺悔帶來臣服，臣服並非投降認輸，而是不再埋怨，從受害轉為面對與前進；臣服是對困境說：「我接納你的存在，我選擇不讓你繼續障礙我。」懺悔與臣服能讓我們生出強大的力量，願意毫無保留拚了。

我後來問人牆中的壯漢，為什麼第一個挑戰者體型跟他們差不多，卻過不了，而瘦小的第二個挑戰者卻一衝就破，是因為你們累了嗎？有放水嗎？「完全沒放水。」「他那個衝過來的氣勢很可怕。」「真的。」「他要撞過來的時候，我竟然有點腳軟。」……壯漢們回憶著當時的情景，每個都說二號挑戰者撲上來的瞬間真的猶如一頭猛獅，嚇都嚇死了哪可能放水，大夥兒全力抵擋，但擋不住啊。

史傳奇在死亡的絕境中為自己開出活路，猛獅衝破困境為自己開出成功之路。每個人都在為自己開路，儘管開路從來就不是輕鬆簡單的事，但若不這麼做，就得原地不動，跟死亡沒有兩樣。

其實不要說開路，光是活著就已經很不容易，嬰兒要學吃奶，小孩要學規矩，大人要學天真，除此之外，還有多少心碎

得去經驗。沒有人的人生是輕鬆簡單的，如果我們沒有任何問題，我們會直接涅槃成仙，不會在人間界瞎耗。**一個人活得幸福，大多不是因為命好，而是因為甘願承擔，才得以享受無須索取、無須受害的自由與快樂。**

那個聚會是好幾年前的事了，但每次想起來仍同樣感動。我從此願意站在自己人生的最前頭，為自己披荊斬棘，因為那一聲震天動地的喝，讓我知道人一旦下了決心全力以赴，必無所不能。

攝影／張瑄旂

許願的力量

淺意識是有力量的。

所以我非常愛許願，大至生死小至鼻屎的事我都要許願，比如「親愛的老天，我現在好想吃刈包，可以馬上出現一個刈包攤嗎？或者讓某人剛好買刈包來找我，謝謝！」、「親愛的老天請給我一個很美的路人，我現在想看美女，或者帥哥也可以。」、「拜託讓我等下出門的時候剛好雨停！」我的生活就是許願許個沒完，許到爐火純青、駕輕就熟的地步。我當老天就住在我頭頂，沒事就請祂給我這給我那，自認老天的寵兒，沒在客氣。

我不僅自己很會運用這樣的力量，也很愛教人。常有少女跟我說想交男朋友，而且一定要帥，所以她的願望是：「我要跟帥哥在一起，很帥的那種。」

　　嗯哼，我說這個願望聽起來很不錯，但就力量來說，力道太弱了，略顯卑微。想交帥男友要直接這樣許：「今年八月，我跟我男朋友一起去海邊度假，我男朋友長得帥又有胸肌、腹肌、大腿肌，我每天看到他就覺得自己真是上輩子燒好香，這輩子爽歪歪。度假真爽啊，而且度假回來我屁股變好翹！」許願差不多要達到這種程度，才夠力。

　　因為許願是吩咐潛意識去幫你辦事，而驅動潛意識要靠感覺、靠感覺、靠感覺！感覺才能引發意願，理解並不能引發意願，就像你是感覺到肚子餓，所以想吃東西，光是理解腸胃的運作與效率，並不會讓你想吃東西。感覺引發意願，有意願才有行動，一件事情你要講到很亢奮，講到彷彿它已經成真那麼嗨，才會促使它顯化，所以，用你的語氣描述你喜歡你高興的情境，把自己放進去當主角，去感覺那個「爽」！

　　而且許願重感覺、重情境，不需要邏輯。也就是說，你不用幫你的願望規劃路徑，不需要去預設實現的過程會怎麼發生。潛意識不管邏輯的，你給他一個目的地，他自然會幫你抵達，這就是為什麼許願之後就不要管了，因為你要放手讓潛意識去工作，不要干涉這個干涉那個，這樣潛意識會一直被拉扯、綁

手綁腳。

　　如果你覺得幫你完成願望的是神，那你就要相信神比你厲害，不用你來教。怕神做事不牢靠，那幹嘛交給神？你就自己寫好計劃書、行程表，從頭到尾自己來就好，不需要許願。許願是仰賴奇蹟，那就要徹底交託給你看不見的力量。

　　怎樣算干涉呢？就是唱衰、懷疑、三心二意、覺得自己不配得。比如你許願年底賬戶要有十萬，卻時不時上演內心小劇場：「現在都七月了，賬戶只有三千塊，我看是沒希望了。」「十萬會不會太多了？還是改成六萬就好？」「我還是不要有十萬好了，免得被嫉妒、被閒話。」十萬本來已經在你門口等，時間一到就要進來，但他現在覺得自己不受歡迎，可能轉身就跑了。

　　另外還有一件事非常重要：不要許辛苦的願望。除非你喜歡自我鞭打、苦盡甘來的滋味，那麼你愛許多苦都可以，但如果你沒有嗜苦的癖好，請直接空降你要的位置。比如你想找伴侶，請直接刻畫幸福的情景，不要許「我們倆歷經波折ABCDEFG、通過重重考驗，終於在一起。」想考到證照，直接說「十月證照到手！」不必說「經過一番努力，十月終於考到

證照！」懂嗎？潛意識也許有意要讓你輕易得到，結果你自己許願許得辛苦，就搞得一波三折，何必呢？除非你偏愛這一味。

　　許願也千萬不需要許你不想要的東西，直接許你要的東西就好。比如常常被很賤的同事陰，你不想再被陰了，你就應該心想：「從這一秒開始，會來到我身邊、分配來跟我一起工作的同事，都是跟我很合、對我很好的人，我也不知道為什麼，但老天就是對我超好，讓我上班上得非常爽！」而不是「公司裡那些賤貨都不要再來惹我。」一個被好人包圍的願望，強過一個壞人退散的願望。同理，不想要再負債，就說：「我越來越開竅怎麼用錢，我對錢好，錢就對我好，我跟錢變成好朋友，錢會幫我完成很多事！」而不是「我這輩子都不用再負債了。」

　　以上大家都懂了嗎？許願的三個訣竅記起來：

　　一、真心渴望並對結果超有感覺。

　　二、把具體情境描繪出來，一邊建構一邊體驗。

　　三、許完就放手，信任潛意識／神／奇蹟會幫你搞定（不要雞婆）。

　　就這樣，快去許願吧！此時此刻我也許下一個願望，就是看到這篇文章的人，都能美夢成真！

外婆的溫柔

　　外婆是跌倒走的。走得很乾脆，沒什麼折騰，很福氣的。

　　那天剛好我跟妹妹都帶著小孩回去，熱熱鬧鬧一起吃晚餐，晚餐後沒多久外婆就跌倒，走了。走前她說：「我今天很快樂。」

　　幾年前外婆生了一場大病，在醫院裡折騰了三個月。當時我幾乎天天往醫院跑，看著外婆全身插一堆管子，腫得不像人，這裡切一刀、那裡開一孔。護理師隔幾個小時就來幫她抽痰，痰沒抽多少，倒是血都出來了。看著這些，心裡好害怕有一天外婆要離開時，還得受一次這種罪。幸好沒有。

　　能這樣辭世真的很福氣，但我還是哭了一整天。想到以後看不到外婆，心裡難受。

　　告別式是種讓人很抽離的儀式，一堆聽不懂的經文、搞不

清的程序，糊裡糊塗就過去了，也好。一組一組的親友跪在外婆遺像前或磕頭或鞠躬，很多都只見過幾面，不熟悉，叫不出稱謂。外婆九十幾歲了，同齡的親友大多已經過世，前來的幾乎是後輩，看著不熟識的人來送別，心裡有點麻木，沒感覺。後來出現一個滿頭灰白髮的熟面孔，從座位上緩緩移動到遺像前方，不像其他人那樣一組一組的，沒有人跟她一起。她獨自走著，每踏一步，空氣就往下沉一些。我想起她是誰的那一刻，眼淚瞬間唰地流了下來，那是外婆的姊姊。

整個廳堂沒有聲音，並非真的沒有聲音，是耳裡聽不見任何聲音。有些親友低下頭，不忍看這一幕，我、媽媽、姊妹們也默默哭得哀傷。她本人倒是很平靜，雖行步蹣跚，拿香的手卻異常穩固，朝著花海後方的遺照彎腰一拜，眉目淡然。「她是第幾個姨婆？」我問身旁的表姊。「五，五姨婆，只剩下最後一個了。」

外婆是個擁有大羽翼的人，靠近她，就一定受她照顧。她的慈悲雖然帶有一點交換與犧牲，但那是因為她一直在等一個人，像她拯救別人那樣拯救她自己，想來是很心疼的。

外婆走的那一天，我本來有個工作邀約，幸好沒接下，否

則就沒辦法回家聚那最後一頓晚餐；告別式當天，我原本也有工作，而對方在兩週前突然說要取消。正常情況下，臨時取消工作我會很不高興，但當時不知為何心裡異常平靜，有種取消也好的感覺。媽媽說，外婆斷氣沒多久她就收到表哥的訊息「請節哀。」很奇怪，連我們都還沒接到消息，表哥又怎麼會知道？

「你怎麼知道？」媽媽回覆他。

「託夢。」

「還有說什麼嗎？」

「謝謝你們，我這輩子的任務已經完成了。」表哥說外婆握了握他的手就開心地走了。

小妹在台南趕不回來，但她家客廳的鐘莫名其妙停在半夜十二點多，那是外婆跌倒的時間，原來外婆也有去看她。

我之前覺得死亡很殘酷，說走就走，沒得商量。之前妮妮的死讓我領悟：對所愛之生命最後一份尊重，是尊重他選擇的死法。即使與我的預期不同，即使比我所能承受的還要悲慘，我都要尊重那就是他對自己死亡的選擇。所以我覺得死亡很殘酷，然而由妮妮來給，我甘願收。

　　外婆的選擇很不一樣，她替我排開了工作、悄悄地用時鐘告訴妹妹她來過、請表哥幫忙轉達心情。外婆為自己的死亡張羅了好多，理由很簡單，她不要我們傷心。

　　我真的沒想過，原來死亡可以這麼溫柔。外婆，謝謝妳，願妳在天家的懷抱中，飽受疼愛。

後記
epilogue

豐收

謝謝你讀這本書，謝謝你讓我有機會貢獻。

老實說，我還真沒料到自己有一天會講出這麼慈悲的一句話，但此刻我真的充滿感謝之情，且是由衷地，甚至感動地。

說來有點害羞，幾年前的我還是個三不五時就玻璃心碎一地的小可憐呢，別說貢獻了，光是好好活著都有點困難。怎麼回事呢？這得從我還在巴黎時說起⋯⋯某天早上起床後打開部落格，一如往常，映入眼簾的又是幾千幾百則的人身攻擊、恐嚇、性羞辱以及針對我家人的惡毒詛咒，甚至有網民開始號召人馬說要去傷害我爸媽⋯⋯百吻之後，這樣的生活已經過了好一陣子，我突然覺得忍無可忍、無助到極點，便撥電話給一位我很信任的老師哭訴。

「老師，我想不出我做錯了什麼，為什麼我覺得很棒的事，別人會覺得很骯髒、很糟糕？我的家鄉好像容不下我這種人，就連在巴黎的台灣人都警告我不要出門丟臉⋯⋯老師，我還能回台灣嗎？」聽完這串苦水，老師並沒有急著疼惜我、可憐我，她只是笑笑，然後很篤定地說：「雅晴，妳怕什麼？不用怕，

是女神的，都會站在妳這邊。」

「是女神的，都會站在妳這邊。」這句話，讓我瞬間從一個人變成一整支軍隊。

我明白了。儘管表面上看起來是咒罵與嘲笑居多，正面回應勢單力薄，但沒關係，跟我同樣天真無邪的人們會懂的。他們雖然不像討厭我的人這麼勤奮地留言，可是他們都在。被攻擊，只是為了讓我認出誰才是跟我同頻率的人，再難的關卡牙一咬就過去了，管它的，沒時間自怨自艾！

就這樣，我的力量回來了。那之後我開了粉絲專頁並細心地經營著，心想，只要有個持續運作的平台，同頻率的人們就能聯繫得上我。這真是個非常浪漫的想法，而我就這樣經營了將近十年。

這些年，我常收到粉絲來信謝謝我當年給予他們靈感與勇氣去完成夢想。其中有些人當了記者、有些人當了品牌行銷、有些人成為老師……一位珠寶設計師送給我她設計的項鍊，說：「我一直在貫徹妳當年百吻帶給我的感動，想學舞就去學舞，想有自己的事業就去學珠寶設計。如果當年沒有妳，這一切不會有勇氣發生，只會是『想』而已。這些年我一直想送妳什麼。妳也許不明白妳對我的人生多重要，但我真的非常非常感謝

妳。」這些話從螢幕跳到我眼裡，再跳到我心裡，很感動。

　　每每收到這些回饋，就想起老師說：「是女神的，都會站在你這邊。」真的是這樣呢，我曾經以為自己很孤單，其實一點也不，女神們星星點點錯落在各地，作為彼此的盟友，遲早有一天相遇。

　　我回覆珠寶設計師：「謝謝妳告訴我，妳從我這裡收到很美好的東西，然後用妳的方式又創造了美好的東西。我很感動，也很感恩，謝謝妳。」言辭平靜，內心澎湃。一直以來我做我喜歡的事，不太清楚自己到底給出了什麼，然而透各種回饋，發現我給出去的東西已成為漂亮的漣漪，那一圈一圈的，都是感動。

　　我陷入低谷時，老師一句話點醒我，身邊的人溫柔陪伴我，那種感動難以言喻。所以當我長力量之後，也願意不厭其煩地把自己曾經得到的感動傳遞出去，不論是透過文字、言語，或者照片。

　　「有」的人才能給啊，因此施比受有福。知道自己能帶給別人好的影響，是很幸福的事。所以謝謝你讀這本書，謝謝你讓我有機會貢獻，祝福你在脆弱時配得暖心的臂膀，在強壯時樂於給予，而不論在何時，都擁有不放棄、勇往直前的力量。

薇蕾德·德國百年天然保養

WELEDA

Since 1921

德國藥妝店銷售*

No.1

嚴選
天然 **植物油** 開啟
植萃美肌模式

大地之愛｜康是美
全省門市熱賣中

白樺木勻體按摩油

勻體 × 緊實

山金車舒活按摩油

運動 × 放鬆

 NaTrue天然有機認證：
具國際公信力，標準較其他認證更為嚴謹，
堅持產品成分必須都來自天然。

 UEBT生物貿易倫理認證：
旨在維護生物多樣性、供應鏈及大自然永續發展，
全球僅兩大品牌榮獲此認證。

＊ 來自德國IRI市調公司2017年針對DM，Apo藥妝店等通路之身體按摩油類別銷售分析報告。

高寶書版集團
gobooks.com.tw

新視野 New Window 178
親愛的女生：去做每一件妳所喜歡的事情，去成為妳想成為的美好

作　　者	楊雅晴	
主　　編	楊雅筑	
封面設計	黃馨儀	
封面攝影	江怡萱（人間貓）	
排　　版	趙小芳	
企　　畫	何嘉雯	

發 行 人　朱凱蕾
出　　版　英屬維京群島商高寶國際有限公司台灣分公司
　　　　　Global Group Holdings, Ltd.
地　　址　台北市內湖區洲子街 88 號 3 樓
網　　址　gobooks.com.tw
電　　話　(02) 27992788
電　　郵　readers@gobooks.com.tw（讀者服務部）
　　　　　pr@gobooks.com.tw（公關諮詢部）
傳　　真　出版部　(02) 27990909　行銷部 (02) 27993088
郵政劃撥　19394552
戶　　名　英屬維京群島商高寶國際有限公司台灣分公司
發　　行　英屬維京群島商高寶國際有限公司台灣分公司
初版日期　2018 年 10 月

國家圖書館出版品預行編目（CIP）資料

親愛的女生：去做每一件妳所喜歡的事情，去成為妳想成
為的美好 / 楊雅晴著 . -- 初版 . -- 臺北市：高寶國際出版：
高寶國際發行, 2018.10
　面；　公分 . --（新視野 178）

ISBN 978-986-361-587-3（平裝）

1. 自我實現　2. 生活指導　3. 女性

177.2　　　　　　　　　　　　　　107014252